D0060837

Butrinti helenistik dhe romak
Hellenistic and Roman Butrint

Nga e njëjta seri ■ In the same series

Andrew Crowson (2007) *Butrinti Venecian / Venetian Butrint.*
Richard Hodges (2008) *Shkëlqimi dhe rënia e Butrintit bizantin / The Rise and Fall of Byzantine Butrint.*
John Mitchell (2008) *Pagëzimorja e Butrintit dhe mozaikët e saj / The Butrint Baptistery and its Mosaics.*

© Butrint Foundation, London/Tirana 2009

All rights reserved. No part of this publication may be reproduced,
stored in a retrieval system or transmitted in any form, by any means,
without the prior permission in writing of the copyright owner.
Enquiries concerning reproduction should be sent to The Butrint Foundation,
64a The Close, Norwich NR1 4DH, United Kingdom

Series editor: Inge Lyse Hansen
Design: Silvia Stucky
Printed by: Società Tipografica Romana, Rome

ISBN: 978-0-9535556-8-0

Butrinti helenistik dhe romak
Hellenistic and Roman Butrint

Inge Lyse Hansen

BUTRINT FOUNDATION
2009

Falenderime

Fondacioni Butrinti dëshiron të falenderojë bashkëpunëtorin e tij kryesor, Packard Humanities Institute, për ndihmën e çmuar në gërmimet arkeologjike dhe kërkimet në Butrint. Falenderojmë gjithashtu edhe David Bescoby, William Bowden, Dhimitër Çondi, Andrew Crowson, Oliver Gilkes, Simon Greenslade, David Hernandez, Richard Hodges, Sarah Jennings, Sarah Leppard, Matthew Logue, Milena Melfi, Iris Pojani, Paul Reynolds, John Wilkes dhe Andrew Wilson, kërkimet dhe puna e të cilëve qe shumë e rëndësishme për hartimin e këtij libri. Falenderojmë edhe Julian Bogdanin për përkthimin në shqip dhe Silvia Stucky e cila drejtoi faqosjen. Fotografitë dhe hartat janë realizuar nga James Barclay-Brown, Neritan Ceka, Brian Donovan, Julia Jarrett, Michael Grayley, Adelheid Heil, Alket Islami, Martin Smith, Studio Inklink, Massimo Zanfini dhe stafi i Fondacionit Butrinti. I jemi shumë mirënjohës Institutit Arkeologjik Shqiptar (Tiranë), Misionit Arkeologjik Italian në Phoinike dhe Museo della Civiltà Romana (Romë), që na lejuan riprodhimin e disa imazheve. Me përjashtim të rasteve të specifikuara në tekst të gjitha ilustrimet janë pronë e Fondacionit Butrinti.

Acknowledgements

The Butrint Foundation would like to thank its principal collaborator, the Packard Humanities Institute, for its unstinting support with the archaeological excavations and research at Butrint. Thanks are also due to David Bescoby, William Bowden, Dhimetër Çondi, Andrew Crowson, Oliver Gilkes, Simon Greenslade, David Hernandez, Richard Hodges, Sarah Jennings, Sarah Leppard, Matthew Logue, Milena Melfi, Iris Pojani, Paul Reynolds, John Wilkes and Andrew Wilson from whose research and assistance the book benefited, as well as to Julian Bogdani who made the Albanian translation and to Silvia Stucky whose sure eye guided the design. The photographs and drawings are by James Barclay-Brown, Neritan Ceka, Brian Donovan, Julia Jarrett, Michael Grayley, Adelheid Heil, Alket Islami, Martin Smith, Studio Inklink, Massimo Zanfini and the Butrint Foundation team. We are grateful for the permission to reproduce images granted by the Instituti i Arkeologjisë (Tirana), the Missione Archeologica Italiana a Phoinike and the Museo della Civiltà Romana (Rome). Unless otherwise stated all illustrations are copyright of the Butrint Foundation.

Përmbajtje
Contents

Parathënie

Butrinti (*Buthrotum* i lashtë) i cili gjendej në bregun epirot, në pjesën më të ngushtë të ngushticës së Korfuzit gëzonte një pozicion të shkëlqyer buzë detit dhe liqenit të mbrojtur të Butrintit. Ky pozicion dhe mundësia natyrore për të patur një port të qetë bënë që Butrinti të kthehej në një nga stacionet kryesore të rrugës që lidhte Italinë dhe Sicilinë me Adriatikun lindor dhe Greqinë. Për më tepër Butrinti ishte edhe një portë hyrjeje për prapatokën epirote, e pasur me kullota dhe peshq, dhe me anë të liqenit lidhej në mënyrë të drejtpërdrejtë me Finiqin.

Ky pozicion i mirë bëri që qyteti të përmendej në disa tekste gjeografike të lashta, edhe pse rrallë herë u përshkrua në detaje. Edhe informacioni që vjen nga tekstet e historianëve është i pakët: historiani Dionis nga Halikarnasi e quan Butrintin thjesht si 'port detar i Epirit'; Jul Cesari e përmend si 'një qytet përballë Kerkyrës'. Ndërsa Virgjili në poemën e tij epike *Eneida*, e përpiluar nga fundi i shekullit I p.e.s., na jep një përshkrim të veçantë të qytetit dhe historisë së tij mitike. Virgjili u bazua në legjendat e lashta që lidhnin origjinën e disa fiseve epirote me trojanët dhe e përshkruan Butrintin si një qytet trojan, i ndërtuar që t'i ngjasonte në miniaturë Trojës. Kështu Butrinti përfitoi një histori të lavdishme dhe me famën që i dha poema fitoi një vend në skenën botërore.

Pozicioni i Butrintit bëri që qyteti i lashtë të ishte një udhëkryq natyror – ndërmjet detit Jon dhe prapatokës, ndërmjet lindjes dhe perëndimit – dhe një pikë shkëmbimi në fatet e pasigurta të njerëzve, fuqive dhe perandorive. Ky libër përshkruan një periudhë që shkon nga

Pozicioni i Butrintit

Location of Butrint

Preface

Situated on the mainland of Epirus close to the narrowest point of the Straits of Corfu, Butrint (ancient *Buthrotum*) benefited from its access to the Ionian Sea and to the sheltered Lake Butrint. Its location and safe anchorage gave it a strategic location as one of the nodal points in the routes connecting Italy and Sicily with the eastern Adriatic and mainland Greece. In addition, it provided access to a hinterland rich in natural resources for grazing and fisheries, and, via Lake Butrint, a gateway to the interior as far north as Phoenice.

Its important location meant that it appears in many ancient geographical texts, though rarely with any detailed description. Even historical texts provide little information: the historian Dionysius of Halicarnassus simply calls Butrint 'a seaport of Epirus'; Julius Caesar characterizes it as 'a city over by Corcyra.' Virgil, however, in the late 1st century BC, in his epic poem the *Aeneid* provided a fulsome account of the city and its mythological history. Virgil drew on long-standing traditions of Trojan ancestry for communities in Epirus, and Butrint was now described as a Trojan city built to look like Troy in miniature. Butrint thus gained an illustrious history and, with the fame of the poem, a place on the world stage.

Butrint's location made it a natural crossroad – between the Ionian and the mainland, between East and West – and a point of interchange in the changing fortunes of individuals, powers and empires. This book covers the period from the 3rd century BC to the

Pamje e fushës së Vrinës dhe Butrintit

View of the Vrina Plain and Butrint

shekulli III p.e.s. deri në shekullin IV e.s.; është historia e krijimit dhe zhvillimit të qytetit helenistik dhe romak, e disa individëve që i dhanë formë qytetit, dhe historia sipas të cilës Butrinti u përpoq të merrte formën e nje qyteti.

Butrinti pre-helenistik

Butrinti përmendet për herë të parë në shekullin VI p.e.s. nga gjeografi Hekate nga Mileti, i cili e quan liqenin e Butrintit *pelodes limen*, port me baltë, duke nënvizuar pozicionin e Butrintit si një liman i sigurtë. Në kodrën e akropolit janë gjetur fragmente qeramike, në veçanti qeramikë korintike e shekullit VII dhe qeramikë atike e shekullit VI, por e kemi shumë të vështirë të kuptojmë formën e vendbanimit, për shkak të dëmtimeve të vazhdueshme nga ndërtimi i një bazilike në periudhën e antikitetit të vonë dhe nga ndërtimi i kështjellës veneciane.

Në majën më të lartë të kodrës, në një vend shumë të dukshëm, ka shumë mundësi të gjendej një tempull, siç na bën të mendojmë prania e një grope të shenjtë (*bothros*) në skajin lindor të kodrës së akropolit; vendbanimi duhet të ishte në pllajën perëndimore. *Temenos*, ose muri rrethues i këtij vendi të shenjtë, ishte ndërtuar me blloqe poligonale të

Pamje e Butrintit drejt ngushticës së Korfuzit

4th century AD; it is the story of the making and development of the Hellenistic and Roman city, about some of the individuals who shaped it, and how Butrint sought to define itself as a city.

Pre-Hellenistic Butrint

An early mention of Butrint is given by the 6th-century BC geographer Hecataeus of Miletus, who calls Lake Butrint *pelodes limen*, muddy harbour, highlighting Butrint's status as a safe anchorage. Ceramic fragments, in particular 7th-century Corinthian wares and 6th-century BC Attic pottery, have been found on the acropolis hill, but the layout of a settlement is difficult to trace, obliterated under a late antique basilica and a Venetian castle.

The presence of a sacred pit (*bothros*) at the eastern end of the acropolis hill suggests that this conspicuous and highly visible location, on the highest point of the hill, was the location of a temple sanctuary, with a possible inhabited area on the western plateaux. Imposing 5th-century polygonal walls – the earliest in the region – may have marked the *temenos*, or boundary, of the sanctuary, which was accessed through a gateway on the southern part of the hill. A

View of Butrint towards the Straits of Corfu

Fragmente kupash korintike me pikturim, shek. VII p.e.s, Butrint

Sherds of Corinthian cups with painted decoration, 7th century BC, Butrint

Aryballos (shishe parfumi) korintik, shek. VI p.e.s., Butrint

Corinthian aryballos (perfume bottle), 6th century BC, Butrint

mëdha – këto janë muret më të lashta të këtij rajoni; hyrja kryesore ishte në pjesën më jugore të kodrës. Mbishkrimet e mëvonëshme përmendin një shenjëtore të Zeusit Soter (shpëtimtar) dhe ka mundësi që kjo faltorje të ndodhej këtu mbi kodër. Edhe rilievi që sot gjendet te Porta e Luanit ka mundësi që të zbukuronte një godinë në akropol. Kjo skenë përshkruan një luan të madh, me bishtin ndër këmbët e pasme, që kafshon në fyt një dem, një temë e zakonshme e artit grek arkaik të shekullit VI p.e.s.

Historia më e lashtë e Butrintit duket se ka qenë e lidhur ngushtë me atë të Kerkyrës, Korfuzit të sotëm, dhe ka mundësi që vendbanimi i lashtë të ishte në këtë periudhë pjesë e territorit të Kerkyrës në bregun tjetër të ngushticës, si një pikë që siguronte ndërlidhjet midis ishullit dhe fiseve që banonin prapatokën epirote. Kjo ide përforcohet nga vepra e historianit Tukidid, i cili tregon se si në vitin 427 p.e.s. disa banorë të Kerkyrës, pasi u arratisën nga qyteti për t'i shpëtuar luftës civile, u vendosën në 'territoret e Kerkyrës matanë kanalit'. Butrinti ndoshta mbeti në varësi të fqinjes së tij të fuqishme deri nga gjysma e shekullit IV p.e.s., dhe pas kësaj date hyri nën kontrollin e kaonëve; kështu, pika e refrimit të qytetit u zhvendos në prapatokë drejt kryeqendrës Foinike.

Zhvillimi i qyteteve dhe i bashkësive epirote sigurohej nga një rrjet pikash mbrojtëse. Në veri të Butrintit muri i bukur i Demës, i ndërtuar

sanctuary of Zeus Soter (the saviour) is mentioned in later inscriptions and it is tempting to speculate that this may have been its location. It is possible that the relief at the Lion Gate originally adorned a building on the acropolis. It depicts a large feline, a common subject in Greek archaic art of the 6th century BC, with its jaws sunk into the neck of a bull and its tail lashing between its legs.

Detaj i mureve në stil poligonal në akropol

Detail of the polygonal walls on the acropolis

The early history of Butrint appears intimately linked to that of Corcyra, modern Corfu, and it may have formed part of the Corcyrean territory on the mainland, as a settlement serving to facilitate links between the island and inland communities. This is the impression given by the historian Thucydides, who describes how in 427 BC factions from Corfu escaped the city's civil war and occupied 'Corcyrean territory across the channel.' Butrint may have remained dependent on its powerful neighbour even through the first half of the 4th century BC; from then on it came under the control of the Chaeonians on the mainland and its point of reference shifted inland towards the Chaeonian capital of Phoenice.

The developing Epirote cities and confederations were protected by a network of outlying defensive sites. North of Butrint, the handsome, well-built Dema wall that crosses the Ksamili Peninsula

Detaj i rilievit të Portës me Luan

Detail of the relief at the Lion Gate

me kujdes, kapërcente gadishullin e Ksamilit nga ngushtica deri në liqen, dhe ndoshta mbronte territorin që ndodhej nën influencën e Kerkyrës (ose ka mundësi të jetë ndërtuar më vonë dhe të mbronte territorin e Presaibëve në Butrint). Muret e mëdhenj në Vagalat që kontrollonin hyrjen në luginën e Pavlës, ishin padyshim mure mbrojtëse; edhe pika të tjera të fortifikuara, si Kalivoja dhe Çuka e Aitoit, ishin kryesisht shenjëtore ose vendbanime. Sidoqoftë, siç kanë treguar kërkimet më të fundit, të gjitha këto pika së bashku formonin një rrjet të rëndësishëm komunikimi pamor që arrinte në veri deri në Foinike.

Një element tjetër i rëndësishëm i peisazhit para-romak të këtij rajoni janë fermat ose vilat e fortifikuara (të datuara zakonisht në shekujt III-II p.e.s.), të cilat mund të vizitohen edhe sot në Çukë të

Monedhë e prerë në Kerkyrë, 229-48 p.e.s, e gjetur në Diaporit

Coin minted at Corcyra, 229-48 BC, found at Diaporit

from the Straits to Lake Butrint may originally have protected Corcyrean influence (alternatively it delimited the sphere of the later grouping of the Praesebes at Butrint). The imposing walls at Vagalat, controlling the entrance to the Pavllas Valley, also clearly had a defensive purpose; other fortified sites, like Kalivo and Çuka e Ajtoit, were primarily sanctuaries or settlements. However, as recent research has shown, together they formed an important network of visual communication points as far north as Phoenice.

Another significant element of the pre-Roman landscape of the region is constituted by the fortified farmsteads or villas (traditionally dated to the 3rd–2nd centuries BC), which can still be found at Çuka

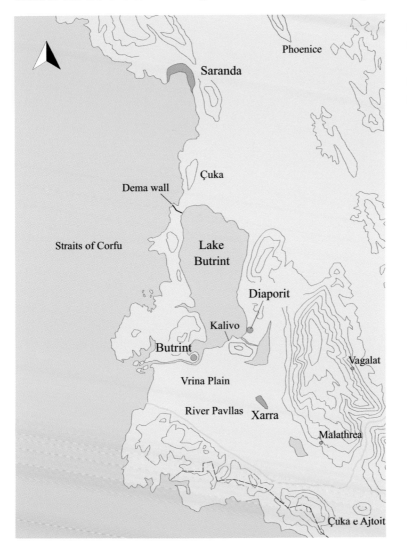

Hartë e Butrintit dhe e rrethinave të tij

Map of Butrint and immediate environs

Hyrje në rrethimin e mureve
të Kalivosë

Gate in the wall circuit at
Kalivo

Sarandës në veri dhe në Malathre, në jug të Butrintit. Hapsira e madhe e luginës që zotërohej me sy nga vila në Malathre na shtyn të mendojmë se kjo vilë kontrollonte një sipërfaqe të madhe tokash pjellore. Muret e saj të trasha mbrohen nga katër kulla të mëdha; ambientet që ndodhen brenda, rreth oborrit qendror, me sa duket janë përdoror si depozita vaji dhe gruri. Ekonomia bujqësore dhe ajo blektorale e zonës duket qartë edhe nga kultet e perëndive të natyrës, si Nimfat dhe Pani; këto kulte dokumentohen gjerësisht në Butrint dhe në luginën e Pavllës.

Të dhënat më të fundit që vijnë nga kërkimet ambientale na tregojnë se si topografia antike e Butrintit karakterizohej nga prania e një kanali përgjatë shpateve jugore të kodrës së akropolit, si rrjedhojë e të cilit vetëm maja e kodrës ishte e përshtatshme për banim. Pjesa e poshtme, me sa duket, u mbush shumë shpejt me lym, por nuk dihet akoma nëse kjo ishte e qëllimshme (bonifikim) apo u realizua nga shkaqe natyrore. Sidoqoftë, siç na tregojnë qartë të dhënat arkeologjike, kjo është zona ku u zgjerua vendbanimi në periudhën helenistike kur Butrinti u zhvillua shumë dhe mori një formë qytetare.

*Figurina Nimfash, shek. IV
p.e.s.?, nga shpella e
Konispolit*

*Nymph figurines, 4th
century BC?, from
Konispol cave*

*Statujë e vogël e Panit nga
mali Mile (Instituti i
Arkeologjisë)*

*Statuette of Pan from
Mount Mile (Instituti i
Arkeologjisë)*

to the north and Malathrea to the south of Butrint. The impressive views of the valley commanded by the villa at Malathrea suggest a certain control of the fertile local landscape. Its thick walls were defended by four large towers; inside, the rooms flanking the central courtyard seem to have been used for storage of oil and grain. The agrarian and livestock economy of the area is evident also in cults to nature deities, such as the Nymphs and Pan, found at Butrint and in the Pavllas Valley.

Recent environmental data from coring indicate that the early topography of Butrint was conditioned by the presence of a water channel along the southern slopes of the acropolis hill making the higher point the only suitable settlement area. The low-lying area is likely to have been subject to rapid silting but it is yet unknown if this was managed in any way. Though, as is evident from the archaeological remains, this was the area of expansion during the Hellenistic period when Butrint developed a more distinctly urban aspect.

Qyteti helenistik

Shtysa drejt zhvillimit qytetar mund të lidhet me ngritjen e dy fuqive të mëdha: e para është dinastia mbretërore molose në Epir, dhe e dyta është efekti i veprimtarisë romake në këtë zonë.

Pirro (297–272 p.e.s.) qe padyshim më i famshmi nga mbretërit molosë. Ai kishte lidhje familjare me gjeneralin maqedonas Aleksandrin e Madh, dhe pretendonte të kishte origjinë mitike nga Akili; sundimi i tij 25 vjeçar solli ndryshime të rëndësishme kulturore dhe materiale në të gjithë krahinën. Molosët u bënë partnerët kryesorë në Alenacën Epirote të vitit 323 p.e.s., dhe patën një rol të rëndësishëm edhe në Bashkësinë (*koinonin*) e Epirotëve që u formua pas rënies së monarkisë në vitin 232 p.e.s. Këto aleanca përfshinin edhe kaonët, në territorin e të cilëve gjendej edhe Butrinti, dhe thesprotët që jetonin në jug të qytetit të lashtë. Pirro vendosi kryeqendrën e molosëve në qytetin grek të Ambrakisë dhe zmadhoi shenjëtoren e lashtë të Dodonës (afër Janinës së sotme). Edhe qytete të tjera përfituan nga kjo periudhë; në gjysmën e parë të shekullit III (edhe pse disa pjesë janë padyshim më të lashta) u ndërtuan muret e fuqishme të Foinikes, që i bënë kaq përshtypje autorëve antikë si Polibi; në këtë qendër, nga fundi i shekullit III – fillimi i shekullit II p.e.s., u ndërtua edhe një teatër i madh, i përshtatshëm për një qytet që donte të ishte kryeqendër rajonale.

Rindërtim i Butrintit në periudhën helenistile

Reconstruction of Hellenistic Butrint

The Hellenistic city

The impetus for urban development may be linked to the rise of two great powers: first the Molossian royal house in Epirus, later the impact of Roman interests in the area.

The most illustrious of the Molossian kings was Pyrrhus (297-72 BC). Related to the Macedonian general Alexander the Great and drawing on ancestral links to Achilles, his 25-year rule inaugurated a cultural and material transformation of the region. The Molossians became a leading partner in the Epirote Alliance created after the death of Alexander in 323 BC, as well as in the League (*koinon*) of the Epirote peoples formed after fall of the monarchy in 232 BC. These alliances included the Chaeonians, in whose territory Butrint belonged, and the Thesprotians living to the south of Butrint. Under Pyrrhus, a new Molossian capital was established at Ambracia and the venerable inland sanctuary at Dodona (near modern Ioannina) was aggrandized. Other cities benefited too, and the grand wall circuit at Phoenice, which so impressed ancient writers like Polybius, was constructed in the first half of the 3rd century (though parts may be even older), with an imposing theatre, of dimensions befitting a regional capital, added in the late 3rd or early 2nd century BC.

Through the 2nd century Epirus became caught up in the conflicts between Macedonia and Rome. Increasingly the Epirote peoples were

Portret i mbretit Pirro, Herculaneum (Instituti i Arkeologjisë)

Portrait of King Pyrrhus, Herculaneum (Instituti i Arkeologjisë)

Pozicioni i Butrintit në detin Jon

The location of Butrint on the Ionian Sea

Gjatë shekullit II p.e.s. Epiri u gjend midis konflikteve që lindën midis Maqedonisë dhe Romës. Epirotët u detyruan, gjithmonë e më shumë, të krijonin aleanca, dhe si përfundim të gjithë, me përjashtim të molosëve, morën anën e Romës. Ardhja në pushtet e drejtuesit epirot pro-romak, Karopit, gjatë viteve 180 p.e.s., i siguroi këtyre zonave mbrojtjen e Romës dhe një zhvillim më të madh të tregtisë me Italinë. Mbështetja që kaonët dhe thesprotët që jetonin përreth Butrintit i ofruan Romës u kthye për to në shpëtim të vërtetë. Në vitin 167 p.e.s., gjenerali romak Pal Emili pasi mposhti mbretin maqedonas Perse, realizoi një hakmarrje të tmerrshme kundër të gjithë atyre epirotëve që kishin mbështetur mbretin maqedonas: 70 qytete u plaçkitën dhe rreth 150.000 njerëz u shpunë në Romë si skllevër. Nga ky moment e gjithë Greqia u administrua si provincë romake. Në Butrint qyteti u zhvillua përtej këmbëve të kodrës së akropolit dhe u ndërtua një mur fortifikimi i ri, i cili paraqiste hyrje të ndërtuara bukur në intervale të rregullta. Ky kompleks mbrojtës datohet zakonisht rreth shekullit IV-III p.e.s. edhe pse ka mundësi të jetë akoma më i vonë. Hyrja kryesore e qytetit ishte padyshim Porta me Kulla, me dy hyrjet e saj të ndërtuara me blloqe guri të gdhendur me kujdes në forma drejtkëndshe dhe me kullën që del nga faqja e mureve për ti dhënë mundësi mbrojtësve të godasin nga lart ushtrinë armike; kjo portë shpinte drejt shenjtores së Asklepit. Hyrja gjendej përballë pikës së kalimit të kanalit të Vivarit (ku më vonë u ndërtua ura romake) nga ku niste rruga kryesore drejt luginës së Pavllës. Porta me Kulla kishte padyshim një pamje mahnitëse dhe madhështore për visituesit që i

Porta me Kulla (Instituti i Arkeologjisë)

The Tower Gate (Instituti i Arkeologjisë)

forced to take sides; though, in reality, all but the Molossians sided with Rome. The rise to prominence of the pro-Roman Epirote leader Charops, during the 180s BC especially, secured the favour of Rome and assisted in increasing trade with Italy. For the Chaeonians and Thesprotians living around Butrint the support extended to Rome would also be their salvation. In 167 BC, after defeating the Macedonian King Perseus, the Roman general Aemilius Paullus wreaked a terrible revenge on the king's supporters in Epirus: 70 cities were sacked and some 150.000 people were taken as slaves. From then on all of Greece would become administered as a series of Roman provinces.

At Butrint, the city was extended beyond the base of the acropolis hill and a new defensive wall, interspersed at regular intervals by a series of well-made and handsome gates, was constructed. This defensive complex is normally dated within the 4th–3rd centuries BC, although a slightly later date is also possible. The Tower Gate, with its monumental twin portals of finely cut rectangular blocks with rusticated surfaces and a projecting tower that permitted defenders to fire on the whole length of an attacking army, was clearly the formal entrance to the city and to the developing sanctuary of Asclepius. The gate was located facing the primary crossing point of the Vivari Channel (later formalised by the construction of a Roman bridge) and hence the main route through the Pavllas Valley. With the temple on the acropolis visually hovering above it, the Tower Gate must have provided a formidable and

Reliev i gjetur në Portën me Kulla

Relief found at the Tower Gate

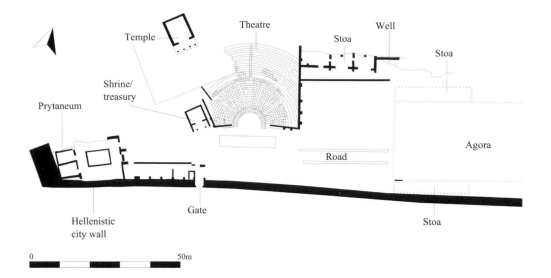

Temple

Theatre

Well

Stoa

Stoa

Shrine/
treasury

Prytaneum

Agora

Road

Hellenistic
city wall

Gate

Stoa

0   50m

Planimetri e qytetit të
poshtëm në periudhën
helenistike

Plan of the lower city in
the Hellenistic period

afroheshin Butrintit, po të mendojmë se kishte mbi vete, në kodër, edhe tempullin e akropolit; muret rrethuese ishin padyshim një element shumë i rëndësishëm për statusin simbolik të qytetin.

Në skajin jugor të shpateve të kodrës së akropolit u ndërtua shenjëtorja e Asklepit, perëndia e shërimit; muret këtu kishin funksion të dyfishtë, edhe mure mbrojtëse edhe kufi të temenos-it. Shenjëtorja ishte pjesë themelore e formës së qendrës të qytetit. Pika kryesore e këtij kulti duhet të ishte një burim në një çarje të shkëmbit; nga ky burim merrej uji që përdorej për pastrimin ritual dhe për shërimet. Përpara këtij burimi, kur ky u thà dhe çarja u përdor si depositë votive, u ndërtua një godinë me formë faltoreje. Bëhet fjalë për një strukturë të vogël me një dhomë të brendshme (cella) dhe një portik që kishte në ballë dy kolona dorike (prostilo in antis), jo më i lartë se 3 m. Objektet arkeologjike që janë gjetur këtu e lidhin padyshim këtë ndërtesë me kultin e Asklepit. Edhe Luixhi Maria Ugolini, gërmuesi i parë, e interpretoi këtë si një faltore e kushtuar kësaj perëndie, pra si ndërtesa kryesore e kultit të Asklepit. Ndërtesa e teatrit, në fazën e parë, nuk ndërhyn me këtë strukturë që ka padyshim një rëndësi të veçantë. Sidoqoftë, ndërtimet e mëvonëshme ia zunë pamjen dhe e fshehën disi këtë godinë dhe zona përballë saj, ku ndoshta gjendej edhe altari, u bë dytësore në krahasim me atë të hyrjes së teatrit. Nuk kemi shumë prova arkeologjike për praninë e altarit (janë gjetur vetëm pak blloqe spolia); godina kryesore u sigurua me dyer të mbyllura me çelës. Për këtë arsye kohët e fundit kjo godinë është intepretuar si një thesar ku

imposing sight for visitors approaching Butrint, and the walls an important status symbol for the city.

For the sanctuary of Asclepius, the god of healing, established on the southern slopes of the acropolis hill, the walls defined it as part of the new urban aspect of the city, acting as both defensive wall and *temenos* boundary. The original focus of the cult may have been a spring in the cleft of the rock that provided water for ritual cleansing and healing. A shrine-like building was constructed in front of it when the spring had ceased to function and the cleft became used as a votive deposit. This was a relatively small structure consisting of a main inner room (cella) and a porch fronted by two Doric columns (set

Fotografi ajrore e qytetit të poshtëm

Aerial photo of the lower city

Tempulli mbi teatër (Instituti i Arkeologjisë)

The temple above the theatre (Instituti i Arkeologjisë)

*Koka e Asklepit, Butrint
(Instituti i Arkeologjisë).
Vizatim aksonometrik i
tempullit apo thesarit
(sipas Ugolini 1942)*

*Head of Asclepius, Butrint
(Instituti i Arkeologjisë).
Axonometric drawing of
the present remains of the
shrine/treasury (after
Ugolini 1942)*

depozitoheshin objektet që i kushtoheshin perëndisë dhe sendet me vlerë të kultit të saj; me pak fjalë është simbol i pasurisë së shenjëtores dhe vetë ai një kushtim votiv i rëndësishëm për perëndinë.

Shumë më madhështor nga ky, nga ana pamore, ishte tempulli i vogël që ndodhej në një tarracë mbi teatër. Nga kjo godinë sot kemi vetëm themelet e bazamentit, me shkallë në ballë dhe pjesën e poshtme të mureve të dhomës së shenjtë, dyshemeja e të cilës ishte dekoruar nga mozaikë shumëngjyrësh të periudhës romake. Fasada e godinës me sa duket ishte zbukuruar me katër kolona të stilit jonik. Objektet arkeologjike e gjetura këtu lidhin edhe këtë ndërtesë me kultin e Asklepit. A ka mundësi që kjo ndërtesë të ishte godina kryesore e kultit të perëndisë? Në të njëjtin nivel të tarracës së sipërme gjendej edhe një portik, ose stoa, nga i cili sot ruhen vetëm katër shtylla me kontraforte që më parë lidheshin me njëra tjetrën me harqe. Prania në këtë vend e një pusi - uji është një element shumë i rëndësishëm në kultin e Asklepit – na shtyn të mendojmë se ndoshta kjo stoa kishte funksionin e një *abaton*, vedi më i shenjtë ku të sëmurët mund të flinin dhe ku, gjatë gjumit, perëndia i këshillonte në ëndërr për kurat e shërimit. Nëse tarracat e sipërme ishin pika më e rëndësishme e këtij kulti, ka mundësi që nivelet e poshtme të kishin funksione administrative për këtë shenjëtore.

Teatri qe shtesa e fundit e këtij kompleksi, po të gjykojmë edhe nga forma e tij e çrregullt që ishte në varësi të ndërtesave të mëparshme përreth tij. Një mbishkrim në rradhën e dytë të shkallëve daton ndërtimin e tij në çerekun e parë të shekullit II p.e.s.; sidoqoftë këto punime ishin padyshim një monumentalizim i një faze më të hershme dhe më të

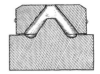

prostyle in antis), overall probably no more that 3 m high. The finds that with time crowded this building link it unequivocally with Asclepius, and Luigi Maria Ugolini, the original excavator, interpreted it as a shrine dedicated to the god and hence the main focus of the cult. The early theatre respected the structure and it was clearly of some considerable importance. However, later alterations would leave it visually obscured, and the area in front of it, where an altar would be located, became secondary to that of access to the theatre. Whereas evidence for the presence of an altar is ephemeral at best (only a few blocks of *spolia* were found) the building itself was well secured by lockable doors. Given this, it has recently been interpreted as a treasury for storing dedications to the god and valuable accoutrements of the cult; that is, it was a symbol of the status of the sanctuary and itself an important votive dedication to the god.

More visually imposing was a small temple built on a terrace above the theatre. Little more than the stepped platform of the cella remains of this building, which had a Roman polychrome mosaic floor, but it appears to have had a façade fronted by four Ionic columns. Associated finds suggest that this too was linked to the cult of Asclepius. Could this elevated shrine have been the primary cult place of the god? On the same upper terrace level was located a long portico, or stoa, now consisting only of four piers with buttresses originally linked by arches. The proximity of a well – water being an indispensable feature in the cult of Asclepius – suggests that the stoa functioned as the *abaton*, the most sacred space where the ill would

Prerje e arkës së kursimit (thesauros)

Section drawing of the safe-box (thesauros)

Pamje e stoasë dhe e Ndërtesës me Peristil Pusi pranë stoasë

View of the stoa and Peristyle Building The well by the stoa

thjeshtë të teatrit. Shfaqet teatrale, si pjesë e zakonshme e festivale të Asklepit, janë të zakonshme në botën helenistike, por teatri mund edhe të kishte funksione qytetare, si vend për mbledhjen e njerëzve. Në lindje, ngjitur me të, gjendet një ndërtesë, muret e së cilës datohet të gjithë, me përjashtim të atij perëndimor, në periudhën romake. Po të konsiderojmë formën dhe lidhjen e drejtpërdrejtë të kësaj godine, Banesa me Peristil, me teatrin, mund të mendojmë se ndoshta kjo ka patur funksionin e një bujtine për pelegrinët osë për priftërinjtë dhe ndihmësit e kultit. Meqenëse muri rrethues lindor i teatrit e respekton këtë zonë ka mundësi që këtu të jetë ngritur më parë një ndërtesë helenistike, edhe pse e kemi të pamundur të themi nëse kjo ndëtesë kishte funksione të ngjashme me atë të periudhës romake. Akoma më në lindje gjendej agoraja (tregu) e rrethuar me stoa, godina shumë-funksionale për qëllime tregare dhe administrative. Këto datohen arkeologjikisht në fillim të shekullit II p.e.s., pra i përkasin periudhës më të rëndësishme të zhvillimit të Butrintit. Në perëndim, si vazhdim pamor i agorasë, gjendet një ndërtesë e interpretuar zakonisht si një *prytaneum*, pika kryesore e jetës politike të qytetit, shenjë e lidhjes së pandashme të jetës fetare dhe politike në qytetin e poshtëm.

Shenjëtorja e Asklepit (së bashku me atë të Zeusit Soter) pati padyshim një rëndësi të veçantë në Butrint dhe influencoi monumentalizimin e qytetit në shekullin II p.e.s. Në fakt mbishkrimi që dokumenton ndërtimin e teatrit – dhe ndoshta rinovimin e tempullit në tarracën sipër tij – shkruan se këto punime u kryen 'me paratë e shenjta të perëndisë' (ἀπὸ τᾶν ποθόπων τοῦ θεοῦ). Të ardhurat e shenjëtores vinin nga burime të ndryshme. Për shërimet, për shembull, paguheshin monedha të cilat ruheshin në dy arka guri (*thesauroi*) të

sleep and the god advise them on healing cures in their dreams. If the upper terrace appears as the culminating focal point for the cult, the lower level articulates the administrative importance of the sanctuary.

The theatre was the latest addition to the complex judging from its unusual, irregular shape conditioned by the presence of the buildings around it. An inscription on the second tier of seats date its construction to the first quarter of the 2nd century BC; however, this work was almost certainly a monumentalisation of an earlier, simpler theatre. Theatrical performances forming a part of the festivals of Asclepius are common in the Hellenistic world, but the theatre would also have fulfilled civic functions by providing space for the assemblies of the people. To the east, all but one wall of the building flanking the theatre is of Roman date. This structure, the Peristyle

Detaj i ndenjesve në teatër

Detail of the seats in the theatre

Pamje e mbishkrimeve të lirimit të skllevërve në teatër

View of the manumission inscriptions in the theatre

Statujë e një vajze e gjetur në tempullin/thesarin

Statue of a girl found in the shrine/treasury

cilat u zbuluan në tempullin e vogël apo *thesauros* pranë teatrit. Bëhet fjalë për dy blloqe guri të mëdhenj: më i larti ka një vrimë për futjen e monedhave dhe i poshtmi me një boshllëk pë ruajtjen e tyre; këto blloqe mund të çmontoheshin me instrumente të veçantë për të mbledhur monedhat. Priftërinjtë, përveç funksioneve fetare, kishin edhe poste politike, sidomos për administrimin – në emër të perëndisë – të lirimit të skllevërve, akte që mund të sillnim të ardhura. Influenca dhe rëndësia e priftërinjve të Asklepit dhe të Zeusit Soter duken shumë qartë pas vitit 163 p.e.s. kur u formua Bashkimi i Presaibëve me qendër Butrintin, nga një grup fisesh që u ndanë nga Kaonia. Sipërfaqja e territorit të tyre nuk dihet akoma, por duket se përfshinin në territorin e tyre Butrintin, gadishullin e Ksamilit dhe luginën e Pavllës. Nga ky moment priftërinjtë ishin edhe magjistratë eponimë të qytetit, një post ky i të njëjtit nivel me atë të komandantit ushtarak (*strategos*) dhe kryetarit (*prostates*) të koinonit. Këto poste ishin në duart e pak familjeve elitare lokale.

Shumica dërrmuese e këtyre informacioneve vijnë nga një numër i madh mbishkrimesh, disa prej të cilëve ruhen akoma në hyrjen perëndimore të teatrit, të tjerë u çmontuan dhe u ripërdorën për ndërtimin e një kulle pranë 'Gjimnazit'. Pjesa më e madhe e tyre dokumenton lirimin e skllevërve gjatë periudhës 164-44 p.e.s. Këto dokumente flasin për lirimin e më shumë se 500 skllevërve nga individë të veçantë apo grupe (familjare); disa nga këto familje lirojnë disa skllevër gjatë një viti të vetëm. Këto lirime të shumta skllevërish ilustrojnë mirëqënien e fiseve përreth Butrintit. Është interesante të vërehet se një përqindje e madhe e atyre që lirojnë janë femra (rreth

26

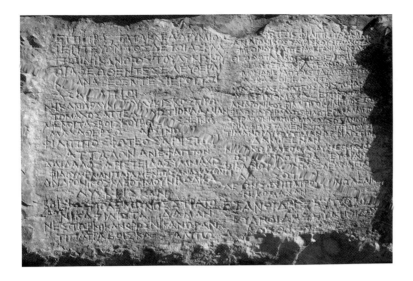

*Detaj i mbishkrimeve të
lirimit të skllevërve*

*Manumission inscription,
detail*

Building, based on its layout and the privileged access provided between it and the theatre, may have functioned as a hostel for pilgrims or for the priests and attendants of the cult. Since the eastern enclosure wall of the theatre respects this area it seems likely that a Hellenistic building existed in this spot, though it is impossible to say, let alone if it served similar functions. Further east, was located the agora (market place) framed by stoas, multi-purpose buildings for commercial and civic uses. These have been dated archaeologically to the early 2nd century BC and hence belong to the same period of major development of Butrint. On the far west, as a visual pendant to the agora, is a building traditionally interpreted as the *prytaneum*, the ceremonial civic focus of the city, illustrating the effortless cohesion between civic and religious structures in the lower city.

The sanctuary of Asclepius (with that of Zeus Soter) clearly held a particular status at Butrint and influenced the 2nd-century monumentalisation of city. Indeed, the inscription recording the construction of the theatre – and possibly a contemporary refurbishment of the temple on the terrace above it – states that it was carried out 'from the sacred money of the god' (ἀπὸ τᾶν ποθόπων τοῦ θεοῦ). The income of the sanctuary came from a variety of sources. Coin offerings to the god would be made in exchange for the healing practises and two safe-boxes (*thesauroi*) were discovered in the shrine or treasury by the theatre. These consisted of two large blocks of stone, the upper with a slot for the introduction of coins, the lower with an internal cavity for storage, which with appropriate lifting machines could be separated and the

*Statujë e një burri me
mantel himation (një prift?)*

*Statue of a man in
himation mantle (a priest?)*

27

Qeramikë lokake me vernik të zi, shek. III-II p.e.s, Foinike. Pyxis *(kuti kozmetikësh)*, shek. III-II p.e.s, Foinike

Regional black slipped tableware, 3rd-2nd century BC, Phoenice. Pyxis *(cosmetics container), 3rd-2nd century BC, Phoenice*

40%). Ndryshe nga gratë e Greqisë, femrat epirote mund të administronin pronat, pa patur nevojë për një mashkull si kujdestar.

Shekulli III dhe veçanërisht shekulli II p.e.s. ishin një periudhë lulëzimi për Butrintin. Marrdhëniet e mira të Karopit me Romën sollën përfitime ekonomike të cilat u rritën kur e gjithë zona ra nën sundimin romak në vitin 167 p.e.s. Siç tregon edhe formimi i Koinonit të Presaibëve zona vazhdoi të ishte autonome. Roma me sa duket donte në rradhë të parë të siguronte rrugët detare të Adriatikut; fakt ky që i solli dobi Butrintit. Krijimi i një koinoni të pavarur, larg nga kaonët dhe nga tirania e nipit të Karopit (Karopi i Ri) e ndihmoi këtë zhvillim ekonomik. Copëzimi i strukturave shtetërore epirote ishte me leverdi për politikën romake. Rëndësia strategjike që kishte kjo zonë për Romën duket qartë në aktivitetin e saj këtu për shekuj me rradhë, dhe mbi të gjitha, në vendimin e saj të vendosë një koloni romake në Butrint.

Shishe Unguentaria *për parfume apo vajra, shek. III-II p.e.s., Butrint*

Unguentaria *bottles for perfume or oils, 3rd-2nd century BC, Butrint*

money collected. The priests also performed public functions, in particular by administering – in the name of the god – the freeing of slaves, which may have produced income. The influence and status of the priests of Asclepius and Zeus Soter are particularly evident after c. 163 BC when a League of the Prasaebians, a political grouping breaking away from Chaeonia, was formed and centred on Butrint. The extent of its territory is unknown but it appears to have incorporated Butrint, the Ksamili peninsula and the Pavllas Valley. From then on the priests held office as eponymous magistrates of the city on a par with those of the commander (*strategos*) and president (*prostates*) of the *koinon*. These offices were all held mainly by a few local elite families.

Alabastron(?) prej qelqi, shishe parfumi, shek. II-I p.e.s., Foinike

Glass alabastron(?) perfume bottle, 2nd-1st century BC, Phoenice

This information comes from a remarkable series of inscriptions, some of which can still be seen in the western entrance passage of the theatre, others were moved and the blocks used to construct a tower near the 'Gymnasium'. They mainly detail the freeing of slaves during the period c. 163-44 BC. More than 500 slaves are listed as being freed, either by individuals or (family) groups – some families manumitting several slaves during a single year. This conspicuous freeing of slaves illustrates the prosperity of the community around Butrint. Among the owners it is particularly interesting to note the high proportion of women (c. 40%). Unlike women in mainland Greece, Epirote women could own and manage property in their own right without reference to a male guardian or relative.

The 3rd and, especially, the 2nd centuries were clearly a period of prosperity for Butrint. The economic benefits by Charop's good relations with Rome were affirmed when the province came under Roman control in 167 BC. As the creation of the *koinon* of the Prasaebians show, the region continued to have a great amount of autonomy. Rome seems primarily to have been interested in securing the sea-routes across the Adriatic; this would have handsomely benefited Butrint. The creation of an independent regional *koinon*, and the break away from the Chaeonians – as well as from the control now exercised by Charop's tyrannical grandson (the younger Charops) – could only have aided this. The fragmentation of traditional Epirote power structures could not but be to Rome's advantage. The strategic importance of the region to Rome would continue to characterize her involvement here for centuries, crystallized most clearly in the decision to make Butrint a Roman colony.

Themelimi i kolonisë cesariane

Vizita e shkurtër e Cesarit në Butrint në vitin 48 p.e.s., gjatë luftës së tij me Gnaeus Pompeun qe shumë e rëndësishme për qytetin: katër vjet më vonë, në vitin 44 p.e.s, u shpall një dekret zyrtar që e caktonte Butrintin si koloni romake. Generalët ndërluftues të luftës civile romake kishin nevojë për furnizime të sigurta për trupat e tyre dhe kishin nevojë të ndërtonin baza të sigurta për kontrollin e rrugëve detare nëpërmjet detit Jon – si gjatë luftës ashtu edhe pas saj. Për më tepër, gjatë shekullit I p.e.s., kjo zonë ishte e rëndësishme edhe për sa i përket interesave tregtare të latifondistëve romakë. Më i famshmi dhe ai që pati ndikimin më të madh qe Tit Pompon Atiku, i cili kishte prona afër Butrintit, të paktën që nga viti 68 p.e.s.

Sot ne njohim në detaje planet e Cesarit për Butrintin falë letërkëmbimit të Ciceronit. Dekreti i parë për themelimin e kolonisë së Butrintit u shpall duke deklaruar si justifikim faktin se buthrotasit nuk kishin paguar disa taksa. Banorët, nga frika e konfiskimeve të truallit, i kërkuan ndihmë Atikut i cili jo vetëm pagoi shifrën që mbetej në emër të qytetit, por i bëri edhe presion Cesarit – me antë të Ciceronit dhe personave të tjerë në Romë – që të premtonte që të mos ngrihej një koloni në Butrint. Me sa duket Cesari e dha fjalën, por vdekja e tij në mars të viti 44 p.e.s. ia la ratifikimin e këtij vendimi konsujve të rradhës.

Konsujt – Mark Antoni dhe Publius Dolabela – shprehën mbështetjen e tyre për Ciceronin dhe Atikun, por nuk u realizua asgjë konkrete. Premtimet për ndryshimin e destinacionit të kolonisë nuk u ratifikuan dhe nga fundi i verës së viti 44 p.e.s. erdhën në Butrint kolonët e drejtuar nga Caius Munatius Plancus. Ky i fundit ishte personi që kishte zgjedhur vetë Cesari, dhe lidhjet familjare që kishte me Mark Antonin shpjegojnë vendimin e konsullit për të mos ndaluar formimin e kolonisë. Ashtu si Cesari edhe Mark Antoni kishte nevojë të vendoste baza të sigura në lindje.

Nuk njohim numrin e kolonëve që erdhën në Butrint, por dimë me siguri se ishin të gjithë civilë. Nuk bëhej fjalë pra për ushtarë veteranë por për skllevër të liruar dhe klientë tregtarësh dhe individësh të tjerë me influencë në Romë. Pjesë e programit të madh cesarian të kolonizimit ishte edhe një ligj, *Lex Coloniae Genetivae Juliae*, i cili i lejonte skllevërve të liruar të zinin postin e senatorit municipal, pra të zinin postin më të lartë të *duovir*-it në qytetet e reja. Me fjalë të tjera kolonët që u zgjodhën për kolonizimin e qytetit të Butrintit i siguronin Romës besnikërinë e qytetit. Ligji u anulua në vitin 24 p.e.s. nga Augusti, por në atë periudhë i njëjti efekt ishte siguruar edhe në kolonitë e themeluara prej tij.

The making of the Caesarian colony

A brief visit made by Julius Caesar to Butrint early in 48 BC, during his war with Gnaeus Pompey, was to have a fundamental impact on the city: four years later, in 44 BC, a formal decree was issued designating Butrint as a Roman colony. The warring generals in the internecine struggles of Rome needed to secure supplies for their troops and to build up safe bases to control the sea-routes through the Ionian – both during and after the wars. However, throughout the 1st century BC the area was also of commercial interest to Roman landowners. The most famous and influential of these was the millionaire Titus Pomponius Atticus, who had owned property near Butrint from at least 68 BC.

Thanks to the correspondence of Cicero, Caesar's plans for Butrint are known in some detail. The first decree designating Butrint as a colony was issued using a claim of unpaid taxes as justification. Responding to this threat of land confiscations the inhabitants appealed to Atticus for help. He not only paid the outstanding amount on behalf of the city but lobbied Caesar – through Cicero and others in Rome – for a promise that a colony would not be established at Butrint. This promise seems to have been granted, but the death of Caesar in March 44 BC left its ratification by the senate in the hands of the consuls of that year.

The consuls – Marcus Antonius and Publius Cornelius Dolabella – expressed support of Cicero and Atticus, but nothing was done. The promised redirection of the colony was never ratified and late in the summer of 44 BC the colonists arrived led by Caius Munatius Plancus. Plancus had been the choice of Caesar, but his family's support of Marcus Antonius may explain the consul's decision to go ahead with

Mbishkrim kushtimi për Tit Pompon Atikun, Butrint (krahaso Bergemann 1998)

Dedicatory inscription to Titus Pomponius Atticus, Butrint (cf. Bergemann 1998)

Një dekret i dytë për themelimin e një kolonie në Butrint u shpall nga Augusti, dhe ky ligj u celebrua duke shkruar titullin e ri të qytetit, *Colonia Augusta*, në monedhat e Butrintit. Kjo ndodhi pas mposhtjes së Mark Antonit dhe Kleopatrës nga Augusti në betejën detare në Aktium, në vitin 31 p.e.s. Në vendin e betejës, vetëm 100 km larg, në jug të Butrintit, Augusti themeloi një qytet të ri, Nikopolin (Qyteti i Fitores). Ky i fundit u bë kryeqendra e gjithe rajonit dhe pika e riferimit e Butrintit u bë përsëri deti Jon. Fakti që qyteti ishte i lidhur drejtpërdrejt me princin e dalloi nga fqinjët dhe Butrinti mund të prezantohej si konkurent i Nikopolit.

Ky ligj i ri u bë katalizator për investime në qendrën e qytetit dhe për mundësi të reja për të shprehur lidhjet e qytetit me Romën. Një shembull i mirë i kësaj është një riliev mermeri i gjetur në fushën e Vrinës, që paraqet perëndeshën e fitores, me krahë, përballë një mburoje. Ky subjekt është një riferim për fitoren në Aktium dhe stili klasicistik (neo-atik) e lidhin këtë me një reliev të ngritur në Nikopol në nder të princit. Rithemelimi augustian shkaktoi rënien e disa familjeve në Butrint dhe ngritjen e disa të tjerave, në veçanti ato që ishin lidhur me Atikun.

Riliev mermeri me Fitore përballë mburojës, fusha e Vrinës Plain (Instituti i Arkeologjisë)

Marble relief with Victory in front of a cuirass, Vrina Plain (Instituti i Arkeologjisë) the establishment of the colony. Like Caesar, Marcus Antonius needed to establish secure bases in the East.

The number of colonists brought to Butrint is unknown but their status is certain: they were civilians. Rather than military veterans, the colonist consisted of a mixture of freedmen and clients of merchants and powerful individuals in Rome. As part of his extensive programme of colonisation Caesar passed a law, the *Lex Coloniae Genetivae Juliae*, that allowed freedmen access to the office of municipal senator and hence to hold the highest office of *duovir* in their new cities. In other words, the composition of the colonists ensured that the new Roman city of Butrint would be loyal to Rome. The law was revoked by Augustus in 24 BC; however, by then the same effect had been achieved in the colonies founded by him.

A second decree of colonial foundation was issued by Augustus and Butrint celebrated this by including its new title of *Colonia Augusta* on its coinage. This took place after Augustus' defeat of Marcus Antonius and Cleopatra at the crucial sea-battle of Actium in 31 BC. At the battle-site, located only 100 km south of Butrint, Augustus founded a new city, Nicopolis (Victory city). This became the new regional capital and Butrint's point of reference once again became the Ionian. Its Roman status linked to the princeps distinguished it from its neighbours and Butrint could present itself as a counterpoint to Nicopolis.

The new grant provided a catalyst for investment in the urban fabric of Butrint and new opportunities to express the city's links to Rome. An example is a lovely marble relief found on the Vrina Plain depicting the winged Victory goddess standing in front of a cuirass. The subject is a reference to the Actian victory, and the classicising (neo-Attic) style and composition link it to reliefs erected at Nicopolis in honour of the princeps. The Augustan refoundation meant the eclipse of certain of the elite families at Butrint while providing the opportunity for others to flourish, in particular those traditionally linked to Atticus.

Qyteti augustian

Themelimi i kolonisë pati shpejt rrjedhoja të thella në ndryshimet politike të kryera në qytet. Forma e re kushtetuese ia hoqi fuqinë institucioneve të vjetra, priftërinjve dhe magjistratëve helenistikë dhe e vuri në duart e një elite të re që përbëhej nga kolonët e sapoardhur. Butrinti, i cili po modelonte veten e tij duke patur si shembull Romën, u pajis me një senat lokal (këshilli i dekurionëve) që drejtohej nga dy magjistratë vjetorë (duovirët) dhe magjistratë pesëvjeçare (*quinquennales*) që kishin si detyrë rregjistrimin e popullsisë. Në të njëjtën kohë gjuha zyrtare u bë latinishtja.

Planimetri e Butrintit romak

Plan of Roman Butrint

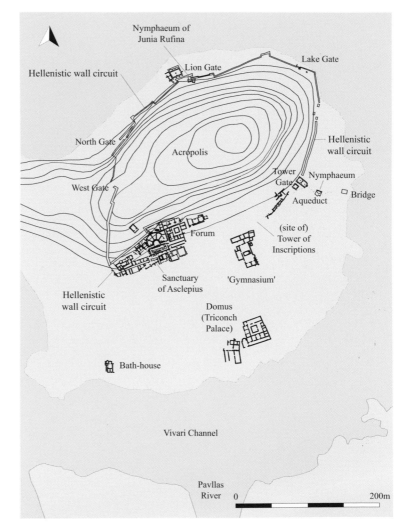

The Augustan city

The impact of the colonial settlements was immediate and profound in the political changes wrought on the city. A new constitutional format transferred power away from the old institutions, and from the Hellenistic priests and magistrates, into the hands of a new elite consisting of members of the new settlers. Modelling itself on Rome, Butrint now had a local senate (council of *decurions*) headed by two annual magistrates (the *duoviri*), as well as five-yearly magistrates (the *quinquennales*) whose duties included taking the census. Simultaneously, the official language changed to Latin.

For the first time Butrint also received a grant to mint coins. The coins minted by the very first *duoviri* of Butrint illustrate the new order by juxtaposing their names (P. Dastidius and L. Cornelius) with images of respectively Asclepius and Zeus: the gods symbolising the city were now associated with its new magistrates.

The lower city

The changes were expressed also in the built environment of the city. Two inscriptions, datable prior to 7 BC, were set up by a magistrate of a *vicus*, or neighbourhood, revealing that Butrint quickly adopted an urban organisation modelled on Rome. To the east of the theatre, the agora was defined and monumentalised by a new paving in limestone blocks and surrounding porticoes, and its function becoming a Roman forum. The narrow stoa on the northern side was demolished, the acropolis hill cut back and a paved thoroughfare made to give access to the well. Using the foundations of the stoa, three small shrines were constructed against the acropolis hill, the central one of which may have been dedicated to Minerva Augusta. The dedication highlights the devotion to Augustus as the new founder of the city by the close

Monedha të prera nga P. Dastidius dhe L. Cornelius më përshkrimin e Asklepit dhe Zeusit

Coins issued by P. Dastidius and L. Cornelius depicting Asclepius and Zeus

Fragment cameo prej qelqi të derdhur e prodhuar në Romë, gjetur në forum. Planimetri e qytetit të poshtëm në periudhën romake

Fragment of a cast glass cameo plaque made in Rome, Augustan period, found in the forum. Plan of the lower city in the Roman period

Për herë të parë Butrintit iu dha e drejta të presë monedhën e vet. Monedhat e prera nga duovirët e parë të qytetit ilustrojnë rregullin e ri duke vënë pranë njëri-tjetrit emrat e tyre (P. Dastidius dhe L. Cornelius) dhe imazhet e Asklepit dhe Zeusit: perënditë simbol të qytetit lidhen në këtë periudhë me magjistratët e tij të ri.

Qyteti i poshtëm

Këto ndryshime u pasqyruan edhe në territorin e qytetit. Dy mbishkrime, të datuara përpara vitit 7 p.e.s, u porositën nga një magjistrat i një *vicus*-i, apo lagjeje; kjo do të thotë se Butrinti u organizua që në fillim sipas sistemit të Romës. Në lindje të teatrit edhe agoraja u rregullua dhe u moneumentalizua, dhe u pajis me një dysheme me blloqe guri gëlqeror dhe me portikë përreth, duke u shndërruar në *forum* romak. Stoaja e ngushtë e anës veriore u shemb, u pre faqja e shkëmbit të kodrës së akropolit dhe u ndërtua një rrugëkalim i shtruar që shpinte tek pusi. Themelet e stoasë u përdorën për të ndërtuar një tempull të vogël me tre ambiente; ai më qendrori me sa duket i ishte kushtuar Minerva Augustës. Kushtimi, që bashkonte figurën e perandorit dhe të perëndisë dhe mençurinë që kjo perëndeshë simbolizonte, nënvizon përkushtimn e qytetit ndaj figurës së Augustit, si themelues i tij. Godinat që ishin në anën jugore të sheshit u cunguan për të krijuar një hyrje në forum, por nuk u ndryshuan gjerësia dhe ndoshta gjatësia e sheshit të agorasë. Sipërfaqja e qytetit helenistik, në një moment të parë nuk u zmadhua edhe pse një segment i mureve fortifikuese helenistike që kalonte

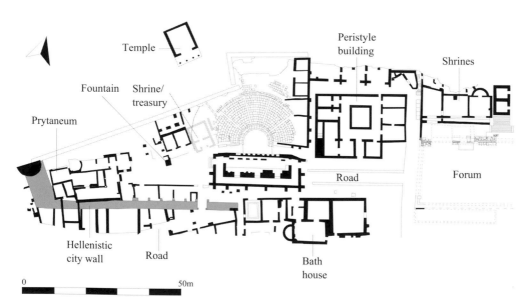

36

Detaj i dyshemesë së sheshit të forumit

Detail of the pavement of the forum piazza

association made between the emperor and the deity, and the wisdom symbolized by Minerva. The building lining the south side of the piazza was truncated to provide access into the forum, but on the whole the width, and presumably the length, of the old agora was maintained. Despite a section of the Hellenistic defensive wall, along the stretch roughly corresponding to the southern side of the forum, later being removed, the reconfigured space did not extend beyond the original alignment of the agora. The main access point during the Augustan period presumably continued to be from the Tower Gate.

The piazza to the west of the theatre was also repaved during the Augustan period, in this case paid for by the freedman Gnaeus

Mbishkrim kushtimi për Minerva Augusta-n, fillimi i shekullit I p.e.s?

Dedicatory inscription to Minerva Augusta, early 1st century AD?

shumë pranë forumit u shemb; as sipërfaqja e sheshit të agorasë nuk u zmadhua. Me sa duket edhe gjatë periudhës së Augustit hyrja kryesore e qytetit vazhdoi të ishte Porta me Kulla.

Sheshi në perëndim të teatrit u shtrua gjatë periudhës së Augustit dhe këto punime u kryen me shpenzimet e skllavit të liruar Gnaeus Domitius Eros i cili shkroi emrin e tij me shkronja plumbi në dyshemenë përballë të ashtuquajturit pritane. Domitius Eros fitoi lirinë e tij falë gjeneralit romak C. Domitius Ahenobarbus, consull në Romë në vitin 32 p.e.s., djali i të cilit u bë mbrojtës (*patronus*) i kolonisë. Edhe pritaneu pësoi ndryshime; kjo është e vetmja godinë në Butrint e ndërtuar në *opus recticulatum* dhe padyshim ishte një godinë e rëndësishme edhe pse funksioni i saj nuk dihet akoma. Bamirësia e Erosit duket se është e njëkohëshme me disa kushtime në të njëjtën zonë për perëndeshën Stata Mater që lidhet me mbrojtjen nga zjarri dhe kulti i së cilës lidhej në Romë, në këtë periudhë, me mbrojtjen e Forum Romanum dhe Lares Vicus, perënditë që mbronin lagjet.

Këto bamirësi në pjesën e poshtme të qytetit vazhduan të respektonin shenjëtoren e Asklepit si simbol i qytetit, edhe pse mbartnin në vete idenë e formës së re të qytetit, të ngjashëm me Romën, dhe prezantimin e kulteve të reja qytetare, edhe këto romake.

*Mbishkrim nderi për
L. Domitius Ahenobarbus si
patron i Butrintit,
16-12 p.e.s.*

*Inscription honouring
L. Domitius Ahenobarbus
as patron of Butrint,
16-12 BC*

Domitius Eros, who included his name in lead letters in the floor in front of the so-called *prytaneum*. Domitius Eros owed his freedom to the Roman general C. Domitius Ahenobarbus, consul in Rome in 32 BC, whose son Lucius in 16 BC was made the patron of the colony. The *prytaneum*, too, was modified; it is the only building at Butrint in *opus reticulatum* and it was clearly a building of some significance though its function is still uncertain. Eros' benefaction appears contemporary with dedications in the same area to the goddess Stata Mater, who was associated with protection from fire and whose cult in Rome in this period was linked to the safety of the Forum Romanum, and to the Lares Vicus, the gods protecting the neighbourhood.

The benefactions bestowed on the lower city continued to honour the sanctuary of Asclepius as a symbol of the city, while conveying that Butrint was now a Roman city modelled on, and including civic cults similar to, Rome.

Pjesë qelqi e një unaze, me gdhendje që përfaqëson një nimfë (?), nga forumi

Glass ring setting, intaglio depicting a nymph(?), from the forum

Fusha e Vrinës

Zhvillimi i Butrintit duket shumë qartë në fushën e Vrinës. Këtu një zonë e madhe përgjatë buzës së ujit u zhvillua si zonë periferike dhe si zgjerim i qytetit të Butrintit. Në gërmimet arkeologjike më të fundit janë gjetur shenjat e para të godinave shtëpiake të kolonëve të parë. Një ndërtesë e vogël, me një dhomë të vetme me dysheme balte të rrahur dhe më një oborr të shtruar me kalldrëm, ka mundësi të interpretohet si një fermë e vogël e ndërtuar nga këto kolonë.

Duke filluar nga mesi i shekullit I e.s. kjo zonë u sistemua, u riorganizua dhe u ndërtuan shtëpi më të qëndrueshme, me dy apo tre dhoma rreth një oborri qendror; disa nga këto dhoma kishin mure të zbukuruara më suva të pikturuara. Në një vend ku kryqëzoheshin tre rrugë duket se u ndërtua një godinë më e madhe, edhe kjo me një oborr. Të gjitha ambientet komunikonin me rrugët; në veçanti njëri prej tyre, ambienti këndor, kishte një hyrje 5 metra të gjerë, që lejonte kushdo të vinte nga rruga të shikonte brenda; për këtë arsye kjo godinë interpretohet si dyqan apo si bar. Rrugët nuk ishin të shtruara, ishin të gjera rreth 3,5 m dhe duket se ishin të organizuara në një rrjet drejtkëndor, pra ishte një sistem i planifikuar.

Këto ndryshime u shoqëruan me një riorganizim të territorit dhe pejsazhit, dhe lugina e Pavllës u nda në parcela të rregullta, ose 'centuriae' me një sipërfaqe rreth 50,4 hektarë. Programe të tilla centuriale janë dokumentuar edhe në Nikopol, Korint, Patras dhe në

The Vrina Plain

The growth of Butrint is particularly evident on the Vrina Plain. Here, an area along the water's edge was to develop into a suburb, or urban extension, of Butrint. The first traces of domestic structures associated with the early colonists may have been found in recent excavations. A modest one-room structure with earth floor and a rough cobbled yard next to it may represent a small farmhouse built by the first settlers.

Already by the mid 1st century AD the area was regularised and reorganised, and more solidly built houses consisting of two to three rooms around a yard, some decorated with painted plaster walls, were built. A larger house with a courtyard appears to have been situated at an intersection of three roads. Its rooms all gave access to the roads; the corner room, in particular, had a 5 m wide doorway making it easily visible for anyone approaching and it is tempting to interpret it as a shop or bar. The roads were unpaved but roughly 3.5 m wide and arranged in a regular, grid-like manner suggesting a planned layout.

These developments were paralleled by a new managed landscape in which land in the Pavllas Valley was apportioned into regular units, or 'centuries', roughly equivalent to 50.4 hectares. Similar centuriation programmes have been found at Nicopolis, Corinth, Patras and at nearby Phoenice, though in each case the size of the plots varies. As at Corinth, the landscape centuriation appears have two main phases, using units of respectively 20 x 20 *actus* and 12 x

Panoramë e fushës së Vrinës

Panorama of the Vrina Plain

Foiniken e afërt; në secilin prej këtyre qyteteve sipërfaqja e parcelave ndryshonte. Ashtu si në Korint ndarjet centuriale duket se datohen në dy faza të ndryshme dhe përdorin njësi me dimensione përkatësisht 20 x20 *actus* dhe 12 x 16 *actus*. Kërkimet e ardhshme do të sqarojnë nëse këto ndarje agrare kanë të njëjtin orientim me vendbanimin dhe nëse janë të njëkohëshme me të. Një fakt duket i sigurtë: territori i Butrintit kishte popullsi të dendur, siç tregojnë gjetjet e shumta të vendbanimeve të tipave të ndryshëm në luginën e Pavllës.

Gjatë shekullit II e.s. karakteri qytetar i vendbanimit në fushën e Vrinës u zhvillua shumë dhe kufinjtë e tij u zgjeruan. Ndërtesat kryesore të kësaj periudhe janë shtëpitë qytetare; po në këtë fazë datohet edhe një banjë publike e cila, po të konsiderojmë dimensionet e mëdha, duket se ka qenë banja kryesore e vendbanimit. Deri më sot janë gjetur pjesë të katër ambienteve, të ngrohur me sisteme nën dysheme dhe të dekoruar me mermere të çmuara, ornamente arkitekturore dhe suva të pikturuar. Këto banja furnizoheshin me ujë nga një depozite e madhe me tre dhoma – një nga pikat kryesote të furnizimit me ujë në këtë zonë – e cila furnizohej nga një degë e veçantë e ujësjellësit kryesor të Butrintit. Themelet e këmbëve të ujësjellësit duken akoma sot përgjatë murit jugor të depozitës, anash rrugës me drejtim lindje-perëdim. Përveç sistemit rrugor edhe prania e ujësjellësit është një provë e karakterit qytetar të këtij vendbanimi.

Pamje e 'dyqaneve', vendbanimi i fushës së Vrinës

Vrina Plain settlement, view of 'the shops'

Gërmimi i amforave të përdorura si rregullim dyshemeje, fusha e Vrinës

Excavating amphorae used as floor make-up, Vrina Plain

Dy amfora vere nga Italia e veriut, shek. II-III e.s., fusha e Vrinës

Two north Italian wine amphorae, 2nd/3rd century AD, Vrina Plain

16 *actus* for the grid systems. Further research will establish if these land divisions conform to the alignment of the layout of the settlement and are contemporary with this. One thing is certain: the landscape around Butrint was not sparsely populated and evidence for settlements of various types is found throughout the Pavllas Valley.

Through the 2nd century AD the distinctly urban character of the Vrina Plain settlement developed as the site expanded. The dwellings now consisted of town houses and a bath-house can confidently be attributed to this period that, judging from its size, must have been the main public baths of the settlement. Parts of four rooms of this were found, all equipped with some form of under-floor heating and elaborately decorated with marble veneers, architectural mouldings and painted plaster. The baths were supplied with water from a substantial three-chambered cistern – one of the nodal points for the water supply to the area – that was provided with water by an offshoot of the main aqueduct to Butrint. The bases of the aqueduct piers are still visible in a line along the southern wall of the cistern

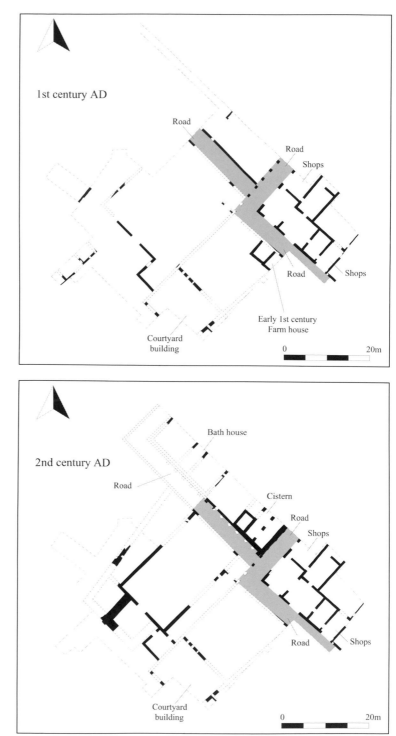

Planimetri të vendbanimit të fushës së Vrinës në shek. I-II e.s.

Plans of the Vrina Plain settlement in the 1st and 2nd centuries AD

1st century AD

Road

Road

Shops

Road

Shops

Early 1st century Farm house

Courtyard building

0   20m

2nd century AD

Bath house

Road

Cistern

Road

Shops

Road

Shops

Courtyard building

0   20m

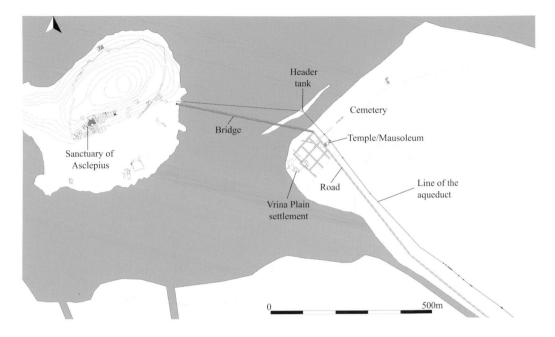

that fronts onto and defines the east–west road. Together with the accessibility of the road system, it was the presence of the aqueduct that reinforced the urban character of the settlement.

The aqueduct

The aqueduct was clearly a significant monument for Butrint, and the expenditure required to construct it makes it likely that it was an imperial benefaction. It was almost certainly constructed in the Augustan period, possibly in conjunction with a broad road-bridge crossing the Vivari Channel. The accompanying bridge was the terminus of a road through the Pavllas Valley that linked Butrint to the main road to between Nicopolis and Aulon.

Both represented substantial engineering feats – the bridge supported on about 37 piers spanned c. 430 m of water, the aqueduct transported water 4 km from springs at Xarra – with a considerable visual and symbolic impact. Both connected Butrint to the wider Roman world and allowed the city to partake in a lifestyle dependent on a conspicuous public use of water for bath-houses and fountains. Depictions of arcaded piers, which may be either monument though more likely represents the aqueduct, is unsurprisingly one of the most common images on the Butrint coinage.

Remains of the piers of the aqueduct are still visible across the Vrina Plain. The arcade would originally have been more that 5 m tall

Rindërtim i bregut në lashtësi dhe orientimi i rrugës kryesore dhe ujësjellësit

Reconstruction of the ancient shoreline and the alignment of the main road and aqueduct

Statujë e Dionisit nga nimfeu

Statue of Dionysus from the nymphaeum

Ujësjellësi

Ujësjellësi ishte padyshim një monument shumë i rëndësishëm për Butrintin dhe shuma e madhe që u nevojit për ndërtimin e tij na bën të mendojmë se ishte një dhuratë perandorake. U ndërtua patjetër në kohën e Augustit, ndoshta në të njëjtën kohë me ndërtimin e një ure mbi kanalin e Vivarit. Kjo urë ishte pjesë e rrugës së luginës së Pavllës që lidhte Butrintin me rrugën kryesore *Aulon* – Nikopol. Si ura ashtu edhe ujësjellësi ishin dy arritje inxhenjerike të rëndësishme me një domethënie pamore dhe simbolike të madhe: ura kishte rreth 37 këmbë dhe kapërcente një distancë uji të gjatë rreth 430 m, ndërsa ujësjellësi ishte i gjatë 4 km, nga burimet në Xarë deri në Butrint. Këto dy vepra lidhnin Butrintin me botën romake dhe i lejonin qytetit të merrte pjesë në një stil të ri jetese që kishte nevojë për sasi të mëdha uji në banjat, në shatërvanët e në çesmat publike. Monedhat e Butrintit të kësaj periudhe karakterizohen nga prania e harqeve, që janë ose një monument i veçantë ose ka më shumë mundësi të jenë harqet e këmbëve të ujësjellësit. Harqet duhet të kishin qenë më të lartë se 5 metra dhe duket se ndjekin pak a shumë drejtimin e rrugës kryesore të luginës. Harqet përfundonin në një serbator të pozicionuar në bregun me zhavorr të kanalit të Vivarit. Nga këtu uji, me siguri, kalonte kanalin brenda një tubacioni i cili ose ndodhej në anë të rrugës mbi urë ose në fund të kanalit. Uji ulej poshtë në njërën anë të kanalit dhe të ngrihej në tjetrën pa humbur presion pasi përdorej teknika e sifonit të kthyer. Fillimisht ujësjellësi përfundonte në një depozitë pranë ninfeut të madh pranë Portës me Kulla. Nimfeu, i veshur me mermer dhe i dekoruar me nisha, statuja, dhe shatërvane, shërbente njëkohësisht si nyja e parë e shpërndarjes së ujit në qytet, si çesmë publike dhe një paraqitje ujore e hyrjes në qytet.

Më vonë ujësjellësi u zgjat me një hark të ri i cili kapërcente hyrjen e Portës me Kulla dhe ndiqte murin mbrojtës. Nuk e dimë me saktësi se kur u kryen këto ndërtime të reja, por, po të konsiderojmë

Monedhë neroniane me ujësjellësin e prerë në Butrint

Neronian coin minted at Butrint depicting the aqueduct

46

Këmbët e ujësjellësti në fushën e Vrinës.

Aqueduct piers on the Vrina Plain

Rrënojat e urës së kanalit të Vivarit

Remains of the bridge crossing the Vivari Channel

Nimfeu pranë Portës me Kulla

The nymphaeum by the Tower Gate

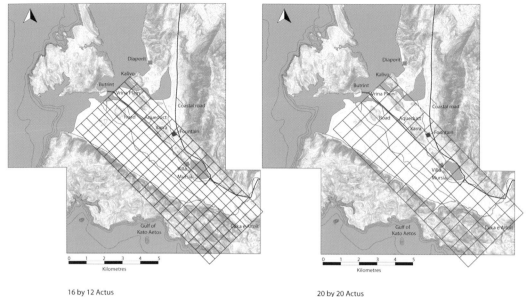

16 by 12 Actus

20 by 20 Actus

Skema të ndarjeve agrare
në luginën e Pavllës

Plans of the land-division
schemes in the Pavllas
Valley

se në monedhat e kohës së Neronit të qytetit të Butrintit shfaqet përsëri ujësjellësi, ka mundësi që kjo të jetë data e këtij ndërtimi. Këto punime sollën një shpërndarje të ujit në një nivel më të lartë, përfshirë rrjetin në të cilin përfshihej edhe çesma e vogël me një nishë që u ndërtua tek sheshi pranë teatrit dhe ninfeu pranë të ashtuquajturit Gjimnaz. Përtej 'Gjimnazit' nuk është gjetur asnjë shenjë tjetër e ujësjellësit; gjithashtu nuk është gjetur ende pika e re e shpërndarjes së ujti. Përmasat e ujësjellësit janë një provë e mirë e zmadhimit të Butrintit dhe të investimeve të vazhdueshme në infrastrukturat e qytetit.

and appears to have roughly followed the alignment of the main road through the valley. The arcade terminated at a tank set on a gravel bank at the edge of the Vivari Channel. From here the water most likely crossed the channel in a pipeline, either along the edge of the road bridge or along the bed of the channel. Making use of the inverted siphon technique it would have been possible to bring the water down on one side of the Vivari Channel and up on the other without loss of pressure. Initially the course of the water terminated at a cistern by the large nymphaeum in front of the Tower Gate. Originally decorated with marble veneer, handsome statues, niches and fountains, the nymphaeum served simultaneously as a prime distribution node in the urban water network, and as a public fountain and water display marking the main entrance to the city.

Subsequently the aqueduct was extended with a new arcade crossing the entrance of the Tower Gate and following the defensive wall. When this was put in place is uncertain but given the revival of the image of the aqueduct on the Neronian coinage of Butrint it is possible that this marks the date of its construction. This undertaking meant that water could now be supplied to areas at a higher level, including the small single-niched fountain constructed in the piazza by the theatre and the nymphaeum at the so-called Gymnasium. No traces of the aqueduct have been found beyond the 'Gymnasium' nor has the new distribution point for the water been located. The extension of the aqueduct is evidence of the expansion of Butrint and the continued investment in the fabric of the city.

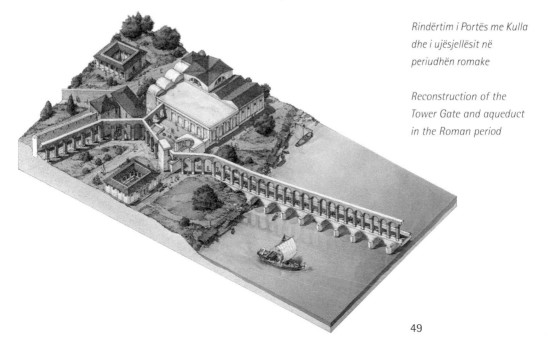

Rindërtim i Portës me Kulla dhe i ujësjellësit në periudhën romake

Reconstruction of the Tower Gate and aqueduct in the Roman period

Patronazh

Ndërtimi i ujësjellësit është rasti më i qartë i patronazhit perandorak në Butrint, por marrëdhëniet e qytetit me Romën – dhe me fuqinë perandorake – nuk kishin si qëllim vetëm nxitjen e bamirësisë. Po aq i rëndësishëm ishte edhe përdorimi i simboleve peradorake për të karakterizuar figurën publike të qytetit në konkurrencë me fqinjët e tij, dhe për të përcaktuar statusin e anëtarëve të familjeve elitare në raport me popullsinë.

Kushtimet për familjen perandorake

Roli i shenjëtores dhe i zonës së forumit si identitet politik i qytetit dhe ndërlidhja e kultit dhe e administrimit politik që ai përfaqësonte e përcaktonte këtë si vend të posatshëm për kushtimet më të hershme për famijen perandorake. Gjatë gërmimeve të viteve 1920 brenda në teatër u gjetën, së bashku me statuja të tjera, tre portrete të Augustit, gruas së tij Livia dhe mikut të tij, gjeneralit Agripa. Një portret tjetër i Agripës u gjet i ripërdorur në ndërtimin e një muri mesjetar, pranë 'Gjimnazit', në vitet '70.

Portrete të Augustit dhe Livias, Butrint

Portraits of Augustus and Livia, Butrint

Patronage

The construction of the aqueduct may represent the most explicit example of imperial patronage at Butrint, but the city's relationship with Rome – and with imperial power – was not simply aimed at extracting benefactions. Equally important was the use of imperial symbols in order to establish a public image of the city in the competition with its regional neighbours, and to define the status of members of its own elite families in relation to the community.

Dedications to the imperial family

The role of the sanctuary and forum area as a symbol of the civic identity of the city and the interlinking of cult and civic administration it represented made it a natural location for some of the earliest dedications to the imperial family. During the excavations in the late 1920s three portrait heads – together with various statues – were found within the theatre, depicting the emperor Augustus, his wife Livia and his friend and general Agrippa. A second portrait of Agrippa was discovered used as *spolia* in a medieval wall near the 'Gymnasium' in the 1970s.

Dy portrete të Agripës, Butrint (Instituti i Arkeologjisë, BF)

Two portraits of Agrippa, Butrint (Instituti i Arkeologjisë, BF)

Livia, pamje treçerekëshe

Livia, three-quarter view

Portreti i Augustit dhe ai Livias ndjekin modele skulpturore (tipet Prima Porta dhe Fajum) karakteristike të periudhës së principatës, që shfaqin lidhje të drejtpërdrejta me Romën. Megjithatë portreti i Livias ka edhe një shirit, që duket më mirë në profil, i cili është më i zakonshëm për portretet mbretërore helenistike. Ky element nuk do të kishte qenë i përshtatshëm në Romë, por këtu tregon vazhdimësinë e lidhjeve kulturore të Butrintit me botën greke. Edhe portretet e Agripës ndryshojnë disi nga shembujt romakë dhe duken me stil më klasicistë dhe të idealizuar se ekzemplarët e gjetur në Itali. Portretet e Butrintit u realizuan të tillë që Agripa t'i ngjasone sa më shumë Augustit, për të theksuar akoma më shumë aleancën midis tyre.

Tre portretet e gjetura në teatër ishin padyshim pjesë e një grupi edhe pse vendosja e tyre e saktë nuk dihet. Dy figurat me armore, edhe këto të gjetura në teatër, ndoshta janë trupat e Augustit dhe Agripës. Këto figura janë të njëjta në tip dhe dimensione dhe ndryshojnë vetëm në faktin se njëra nga këto ka firmën e athinasit Sosikles dha ka mundësi që të jenë pjesë e të njëjtit grup. Dy burrat u festuan së bashku si fitimtarët e Aktiumit dhe ka mundësi që kushtimi i Butrintit, me mbërtheckën ushtarake dhe tipat e njejtë, të ketë qenë një celebrim i këtij momenti themelor.

Më parë akoma, gjatë viteve të para pas fitores së Aktiumit në Butrint u kushtua një statujë mermeri me pamje të pazakontë. Kjo statujë u ripunua në kohën e antikitetit të vonë, por sot kemi elementë të mjaftueshëm për të përcaktuar formën e saj origjinale. Statuja u gjet në zonën e forumit, pranë tempullit dhe pranë një bazamenti të madh të ndërtuar me tulla, i cili ishte edhe ndoshta vendndodhja e statujës. Është një statujë e lartë 2,70m që përshkruan një burrë, që vesh këpucë patrice si shenjë rangu, dhe një togë romake. Toga është

Statujat pas gërmimit, 1932 (Instituti i Arkeologjisë)

Statues displayed after excavation, 1932 (Instituti i Arkeologjisë)

The portraits of Augustus and Livia both follow sculptural models (the Prima Porta and the Faiyum types) characteristic of the Augustan principate, revealing inspirational links to Rome. However, the portrait of Livia includes the addition of a ribbon, visible in profile, more common in a Hellenistic royal portrait. Such an association would not have been appropriate in Rome, and indicates Butrint's continued cultural links with the Greek world. The two portraits of Agrippa, too, vary from the norm and appear more classicising and idealised in style than types found in Italy. They were clearly intended to be visually similar to that of Augustus, and to stress the allegiance between the two men.

The three portraits found in the theatre were undoubtedly displayed as a group, though the precise location is unknown. Two cuirassed figures also found in the theatre may have been intended for the portraits of Augustus and Agrippa. The figures are identical in type and size, differing only by one being signed by the Athenian sculptor Sosikles, and it is tempting to interpret them as pendant pieces. Together the two men were hailed as the victors of Actium, and implicit in the Butrint dedication, with their military garb and matching types, is a celebration of this key event. The date of the group, of 27-12 BC, supports this while also suggesting that the event providing the impetus for the dedication was the Augustan re-foundation of Butrint.

Statujë me armore e gjetur në teatrin e Butrintit (Instituti i Arkeologjisë). Kokë e Apollonit e gjetur në teatrin e Butrintit (Museo della Civiltà Romana)

Cuirassed statue found in the theatre of Butrint (Instituti i Arkeologjisë). Head of Apollo found in the theatre of Butrint (Museo della Civiltà Romana)

Fotografi dhe rindërtim i statujës së togatit me dimensione më të mëdha nga realititi (e ripunuar gjatë antikitetit të vonë), gjetur në forum

Photo and reconstruction of the over life-size togate statue (recut in late antiquity), found in the forum

relativisht e shkurtër, lë zbuluar pjesët fundore të këmbëve dhe një pjesë të këmbës së majtë dhe nuk ka mbështjellat voluminoze dhe palët që janë karakteristike për togat perandorake – në veçanti *sinus*-i – dhe për këtë arsye mund të datohet nga fundi i periudhës republikane dhe vitet e para të asaj augustiane. Kjo figurë paraqet, në mënyrë shumë të pazakontë, krahun e djathtë të ngritur sikur po i drejtohet dikuj, një gjest që zakonisht gjendet në figurat me armore që shfaqin një fitimtar që dhuron ndonjë bamirësi. Në kontekste civile ky gjest ka lidhje me mbrojtjen dhe drejtimin e mirë të autoritetit në një mënyrë gati paternaliste. Këto elementë na bëjnë të mendojmë se statuja përfaqësonte Augustin fill pas fitores në Aktium. Rezultati është një paraqitje e fuqishme celebrative e princit në rolin e themeluesit dhe të bamirësit, gjithashtu edhe shfaqja e marrëdhënieve të mira të Butrintit me të.

Butrinti diti patjetër se si të tërhiqte vëmendjen e fuqive perandorake dhe u kujdes që këto marrëdhënie të privilegjuara të vazhdonin. Ky kujdes duket qartë në kushtimin për Germanikun, trashëgimtari që duhet të hipte në fuqi pas pasardhësit të Augustit, Tiberit. Mbishkrimi u vendos në vitin 12 e.s. për të përkujtuar dhënien atij të postit (të nderit) të duovirit në Butrint, dhe është theksuar qartë vazhdimësia duke e quajtur Germanikun si 'djalë i Tiberit dhe nip i Augustit'. Germaniku u martua me Agripinën e Madhe, vajzën

Mbishkrim nderimi për Germanikun në Butrint, 12-13 e.s.

Inscription honouring Germanicus at Butrint, AD 12-13

Even earlier, in the years immediately following the Actium victory, a marble statue of unusual aspect was dedicated at Butrint. The statue was worked over in late antiquity but enough remains to be able to reconstruct its original appearance. It was found in the forum area, close to the shrine rooms and to a large brick-built statue base that may have been its original location. The male figure, which would originally have been around 2.70 m tall, wears patrician shoes as a sign of rank and a Roman toga. The toga is relatively short, leaving the feet and the lower left leg clearly visible, and it lacks the voluminous folds and layers of imperial togas – in particular the *sinus* – and can hence be dated to the very late Republic and early Augustan periods. Very unusually, the figure had its right arm raised in the manner of an address, a gesture more commonly found in cuirassed figures indicative of a victor's power to bestow benefits. In a civilian context the gesture attains associations of protection and the rightful administration of authority in an almost paternalist manner. This suggests that the statue originally depicted Augustus immediately after the Actian victory. The outcome is a powerful, celebratory statement of the princeps in the guise of founder and benefactor, and of Butrint's particular relationship to him.

Butrint clearly knew how to capture the attention of imperial power and it was careful that this privileged relationship would

*Katër monedha të prera në
Butrint me dema*

*Four coins minted at
Butrint depicting bulls*

e Agripës, dhe Butrinti i dha këtë post nderi sepse donte të
siguronte edhe mbështetjen e kësaj familjeje të rëndësishme.

Një origjinë e përbashkët trojane

Një aspekt i veçantë i Butrintit ishin përpjektet e tij të vazhdueshme
për t'u dalluar: po ashtu si edhe vetë Roma edhe Butrinti mund të
pretendonte për origjinë trojane. Ashtu si romakët pretendonin se ishin
trashëgimtarët e heroit Enea, edhe Butrinti mund të pretendonte se
ishte themeluar nga profeti Helen, djali i mbretit Priam të Trojës.
Historiani Teukros nga Kyziko tregon në detaje se si Heleni me trojanë
të tjerë u arratisën nga qyteti i tyre i shkatërruar dhe gjetën strehim
në Epir; u përgatitën këtu të flijojnë një dem, por kafsha i shpëtoi,
notoi përgjatë një gjiri dhe ngordhi menjëherë sa preku tokë. Heleni e
interpretoi këtë si një shenjë dhe themeloi një qytet në pikën më të
lartë dhe e quajti *Bouthrotum*, për nder të demit. Kjo legjendë
shpjegon edhe praninë e shpeshtë të demave në monedhat e Butrintit,
të përfaqësuar ballorë, në këmbë, ndërsa gjuajnë me brirë dhe duke
notuar. Për më tepër Butrinti mund të lidhej edhe me tregimet që
flisnin për vizitën e Eneas këtu, gjatë udhëtimit të tij për në Itali. Ky
episod përcaktonte një lidhje shumë të vjetër jo vetëm me Romën, por

Pullë italiane me Enean që niset nga Butrinti, 1930

Italian postage stamp depicting Aeneas departing from Butrint, 1930

continue. A dedication to Germanicus – the designated heir to Augustus' successor Tiberius – makes this wish clear. Set up in AD 12 to commemorate the award to him of an honorific office as *duovir* at Butrint the inscription is careful to stress continuity by explicitly naming Germanicus the 'son of Tiberius and grandson of Augustus.' Germanicus was married to Agrippina the Elder, the daughter of Agrippa, and in choosing him the city must surely have hoped to win support also from that illustrious family.

A common Trojan ancestry

One aspect of Butrint was to prove a particular advantage in its efforts to distinguish itself: like Rome, Butrint could claim Trojan ancestry. Where Romans claimed descent from the pious hero Aeneas, Butrint was said to have been founded by the seer Helenus, the son of King Priam of Troy. The historian Teucer of Cyzicus details how Helenus with other Trojans fleeing from the destruction of their home stopped in Epirus; they prepared to sacrifice a bull, but the animal escaped, swam across a bay and promptly expired as it reached land. Helenus acknowledged this as an omen and founded a city on the very spot naming it *Buthrotum* in honour of the bull. This explains the ubiquitous presence of bulls on the coinage of Butrint: depicted frontal, standing, butting, even swimming. Further, Butrint could point to narratives of how Aeneas during his journey from Troy to Italy stopped at Butrint. This established a common ancestral link not just with Rome but also with Caesar and Augustus who both claimed direct descent from Aeneas.

This ancestral link won Butrint its most lasting reward: a description in the epic poem the *Aeneid* by Virgil. In this poem Butrint

Pjesë e mbishkrimit të ngritur nga Graecinus dhe Milesius, Butrint

Part of inscription erected by Graecinus and Milesius, Butrint

Monedhë e Siculus dhe Nepos e prerë ndoshta në Butrint, gjetur në Foinike (Instituti i Arkeologjisë/ Missione Archeologica Italiana a Phoinike)

Coin of Siculus and Nepos possibly minted at Butrint, found at Phoenice (Instituti i Arkeologjisë/ Missione Archeologica Italiana a Phoinike)

edhe me Cesarin dhe Augustin, të cilët pretendonin të ishin pasardhës të drejtpërdrejtë të Eneas.

Nga kjo lidhje Butrinti fitoi çmimin më jetëgjatë: një përshkrim në poemën Eneida të Virgjilit. Këtu Butrinti përshkruhet për herë të parë: pikturohet si një qytet 'fisnik' dhe si miniaturë e Trojës, një krijim i vullnetshëm i Helenit për të përkujtuar atdheun e tij të humbur; edhe popullsia ishte trojane. Enea bëri një vizitë të gjatë në qytet dhe po këtu mori ogurin e mirë nga vetë Heleni për udhëtimin e tij drejt Romës. Kjo ngjarje më parë lidhej ngushtë me shenjtoren e madhe orakullore të Dodonës, në qendër të Epirit. Në tregimin e Virgjilit, përveç Butrintit Enea ndalon, në bregun jonian, vetëm në Nikopol – përsëri dy qytetet lidhen ngushtë me njëri-tjetrin. Poema, e shkruar për të celebruar origjinën e Romës dhe arritjet e Augustit, i dha Butrintit një vend të përhershëm në imagjinatën e botës romake.

Një elitë lokale e re

Nënvizimi i lidhjeve të ngushta me familjen perandorake pati si qëllimin edhe forcimin e statusit të antarëve të elitës së Butrintit pas themelimit të Augustit. Një tip monedhe i ri i gjetur në Foinike kohët e fundit, i prerë në Butrint, na tregon se si pas vitit 31 p.e.s. u organizua një administratë e përkohëshme që kishte si detyrë riorganizimin pas betejës së Aktium. Kjo monedhë paraqet në shpinë dy peshq dhe në faqe emrat e dy prefektëve, Nepos dhe Siculus. Ky i dyti ka mundësi të jetë Titus Marius Siculus nga Urbino i cili i shërbeu Augustit në Sicili në vitin 36 p.e.s. dhe si tribun ushtarak i Legjonit XII dhe i cili, si shenjë falenderimi për postet e larta, e caktoi Augustin si

Vulë tjegulle me emrin e Graecinus, Diaporit

Tile stamped with the name of Graecinus, Diaporit

is described for the first time. It is portrayed as 'lofty' and said to be a miniature version of Troy, a deliberate recreation by Helenus in remembrance of his lost homeland and populated exclusively by Trojans. Aeneas pays a lengthy visit to Butrint and here receives the good auspices, from Helenus himself, for his journey towards Rome, an event formerly intimately connected to the great oracular sanctuary at Dodona in inland Epirus. In Virgil, apart from Butrint, Aeneas only makes one other extended stop in the Ionian, at Nicopolis – hence the two cities are inextricably tied together as complementary. Written to celebrate the origins of Rome and the achievement of Augustus, the poem gave Butrint a lasting place in the public imagination of the Roman world.

A new local elite

The promotion of close ties to the imperial house also functioned to affirm the status of members of the Butrint elite after the Augustan refoundation A recent find at Phoenice of a new coin type attributed to Butrint suggests that an interim administration was put in place in 31 BC to manage a local reorganisation required after Actium. It depicts on the obverse two antithetic fish and on the reverse is given the names of two prefects, Nepos and Siculus. The latter may be the Titus Marius Siculus from Urbino who had served with Augustus at Sicily in 36 BC and as military tribune of the XII Legion, and who intended Augustus as his heir in gratitude for the wealth and high office won. Veterans of the XII Legion were settled at Patras after the Actium victory, and the general Siculus may have been given the task

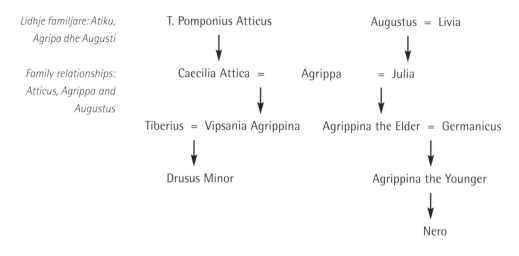

T. Pomponius Atticus

Augustus = Livia

Caecilia Attica =   Agrippa   = Julia

Tiberius = Vipsania Agrippina   Agrippina the Elder = Germanicus

Drusus Minor   Agrippina the Younger

Nero

trashëgimtar të vetin. Veteranët e Legjoinit XII, pas fitores së Aktiumit, u vendosën në Patras dhe ndoshta gjenerali Siculus kishte si detyrë të kontrollonte Butrintin në këtë fazë të vështirë të pas-luftës. Një situatë e ngjashme, kur përdoret një gjeneral për kontrollin e pikave strategjike të detit Jon, është edhe ajo e G. Sosius të cilin Mark Antoni e vendosi në Zakyntos gjatë viteve 39-36 p.e.s. ose rasti i C. Proculeius i cili u vendos në Kephallonia në vitet 30-28 p.e.s nga vetë Augusti.

Nga një studim i përbërjes së familjeve të magjistratëve të Butrintit del e qartë se pati një ndryshim të thellë në elitën politike të qytetit nga periudha cesariane/antoniane në periudhën augustiane; vetëm një familje, se sa duket, e kaloi tranzicionin me sukses. Nga ana tjetër një familje e veçantë arriti të kishte një rëndësi të madhe, Pomponët, emri i të cilëve tregon padyshim lidhje me Atikun.

Dy persona në veçanti– Titus Pomponius Atticus dhe Publius Pomponius Graecinus – qenë shumë aktivë në politikën e Butrintit për gati 25 vjet me rradhë dhe zunë shumë poste të rëndësishme. Pomponius Graecinus zuri postin e *duovir quinquiennal* tre herë. Po ai kushtoi edhe një monument publik në qytet, siç tregon një mbishkrim, dhe është po i njëjti person që drejtonte një *figlina* lokale që prodhonte tjegulla dhe tulla, siç tregojë disa fragmente tjegullash që janë shënuar me emrin e tij. Meqënëse Atiku ndërroi emrin nga Pomponius në Caecilius në vitin 58 p.e.s. kur u adoptua nga daja e tij, Pomponët e Butrintit duhet të ishin në marrëdhënie klientelare me të përpara kësaj date. Emri Graecinus (grek) ka mundësi të jetë shenjë e marrëdhënieve të gjata, ose ka mundësi të vijë nga fakti se ndoshta familja ishte me origjinë lokale dhe mori nënshtetësinë romake falë ndërhyrjes së Atikut.

to oversee Butrint during this delicate post-war period. Parallels for the deployment of a general at sensitive strategic positions in the Ionian can be found in the installation of G. Sosius on Zakynthus by Marcus Antonius during 39-36 BC, and of C. Proculeius on Kephallonia in 30-28 BC by Augustus.

Pozicioni i Diaporitit në bregun e liqenit të Butrintit

Location of Diaporit on the shore of Lake Butrint

A study of the composition of the magisterial elite of Butrint indicates a profound change in the families that reached high office between the Caesarian/Antonian and the Augustan periods; only a single family appears to have successfully made the transition. Instead, one family reached undisputed prominence at Butrint: the Pomponii, whose name reveals their links to Atticus.

Two men – Titus Pomponius and Publius Pomponius Graecinus – were both multiple office holders and between them they were actively engaged in Butrint politics for more than 25 years. Pomponius Graecinus alone held the office of *duovir quinquennal* at least three times. He also dedicated at least one public monument in the city as illustrated by a substantial stone inscription, and he may have controlled a local *figlina*, producing tile and bricks from local clays, as shown by tile fragments bearing his name. Since Atticus formally changed his name from Pomponius to Caecilius in 58 BC when he was adopted by his uncle, the Butrint Pomponii must have established client relationship with him prior to that. Is the name Graecinus (Greek) an indication of this long-lasting relationship, or even that the family was originally indigenous to the area and granted Roman citizenship through the assistance of Atticus?

Nevertheless, if they owed their name and prestige to Atticus, it was to Agrippa that they were obligated for their status. Atticus had

Sido që të jetë, nëse emri dhe pasuria i erdhi prej Atikut, statusi i erdhi nga Agripa. Atiku vdiq në vitin 32 p.e.s., një vit përpara Aktiumit, por ndërkohë vajza e tij ishte martuar me Agripën dhe vajza e tyre e vogël, Vipsania Agrippina, i ishte premtuar thjeshtërit të Augustit, perandorit të ardhshëm, Tiberit. Sistemi klientelar që kishte ndërtuar Atiku në Butrint, me fjalë të tjera, u kthye në një sistem familjar alenacash pro Augustit dhe me në qendër figurën e Agripës.

Kjo ndoshta shpjegon edhe praninë e rëndësishme të Butrintit në Eneidën, si një përkrahje për një zonë e cila kishte rëndësi të veçantë politike dhe ekonomike për disa familjarë perandorakë. Kjo shpjegon edhe kushtimin e hershëm të një statuje për Augustin dhe praninë e dy busteve të Agripës, pasi këto nderime ishin për Butrintin një mënyrë për të shpjeguar historinë e tij si qytet. Për fatin e mirë të banorëve të Butrintit martesa e mëvonëshme e Agripës në familjen e Augustit nuk solli një përkeqësim të lidhjeve me patronin e tyre më të çmuar. Vipsania Agripa me martesën e saj me Tiberin vazhdoi të ishte një lidhje e mirë e Pomponëve dhe e familjes perandorake, lidhje që u forcua edhe nga lindja djalit të saj, Drusus Minor.

Nuk dimë me saktësi se ku gjendej vila e Atikut, por ka mundësi të ishte në fushën pjellore të Vrinës, ndoshta në anën e saj jugore, pranë Mursisë ku kërkimet sipërfaqësore kanë dalluar shumë qeramikë të periudhës republikane të vonë. As pozicioni i Pomponëve të Butrintit nuk dihet; ka mundësi që një nga rezidencat e tyre të ishte vila e mrekullueshme buzë liqenit, në Diaporit.

Nimfeu në Diaporit

*The nymphaeum at
Diaporit*

passed away in 32 BC, the year before Actium, but by then his
daughter, Caecilia Attica, had been married to Agrippa for at least
five years and their infant daughter, Vipsania Agrippina, was
betrothed to Augustus' stepson, the future Emperor Tiberius. The
client base built up by Atticus at Butrint, in other words, passed into
a system of family alliances distinctly pro-Augustan and centred
around Agrippa.

This might explain the remarkable appearance of Butrint in the
Aeneid as a promotion of an area of very real political and economic
interest to the imperial circle. It would certainly explain the early
dedication of a statue to Augustus and the presence of two portraits
of Agrippa, for these honours were for Butrint a manner of narrating
its own history as a city. Thankfully for the inhabitants at Butrint,
Agrippa's later marriage into Augustus' family did not mean a severing
of the link to their most valuable patron. Vipsania Agrippina with her
marriage to Tiberius continued to provide a potent link between the
Pomponii and the imperial family, a connection that was reinforced by
the birth of a son, Drusus Minor.

Where Atticus' estate was located is unknown, but a suggestive
possibility is on the fertile Vrina Plain – perhaps towards the southern
end of the valley at Mursia where field surveys revealed rich late
Republican and imperial finds. Locating the Butrint Pomponii is no less
difficult; possibly one of their residences was the sprawling lakeside
villa at Diaporit.

Vila romake në Diaporit

Diaporiti, në bregun lindor të liqenit të Butrintit, filloi të banohej për herë të parë nga fundi i shekullit III p.e.s., kur u ndërtua një kompleks i madh me një sipërfaqe prej 2000 m2, në tarraca të ndryshme. Ndryshe nga vila të tjera të kësaj zone Diaporiti nuk ishte i fortifikuar. Një fazë e dytë ndërtimore datohet nga mesi i shekullit I p.e.s, por punimet më të mëdha u bënë në kohën e Augustit dhe të Tiberit, kur ndërtimi e një deposite (*impluvium*) na bën të mendojmë për praninë e një shtëpie tipike romake me *atrium*.

Ky kompleks ndërroi formë rreth viteve 40-80 e.s. kur u ndërtua një vilë shumë më e madhe dhe e kushtueshme me një orientim të ri. Vila shfrytëzonte një sërë tarracash që hapeshin drejt liqenit dhe qytetit të Butrintit, duke vendosur kështu një lidhje të drejtpërdrejtë pamore midis qytetit dhe vilës.

Në jug, mbi depositën më të vjetër u ndërtua një kompleks i ri banjash dhe pika kryesore e vilës ishte në këtë periudhë një kopësht i madh ose peristil me në perëndim një ninfe gjysëmrrethor shumë të madh, përballë liqenit. Kjo anë e vilës u ndërtua padyshim në mënyrë që dukej se 'dilte' nga uji, në një ambient shumë befasues që ndërthurte arkitekturën dhe natyrën. Në një tarracë më të lartë gjendej një *triclinium*, ose dhomë ngrënie ose pritjeje me një dysheme të dekoruar me mozaik me figura gjeometrike me në qendër një panel me mermer 'africano' kuq e zi. Pamja nga këtu drejt kopështit dhe liqenit ishte një nga më të bukurat e banesës dhe

The Roman villa at Diaporit

Located on the eastern shore of Lake Butrint the site was first occupied in the late 3rd century BC, probably with a large complex covering 2000 sqm set on a series of terraces. Unlike other Hellenistic villa sites in the region, Diaporit was un-fortified. A second building phase is attested for the mid 1st century BC, with more substantial works during the late Augustan and Tiberian periods when the presence of a cistern (or *impluvium*) suggests the presence of a Roman atrium house.

This complex was substantially altered around 40-80 AD when a larger and more sumptuous villa was created on a new alignment. Constructed on a series of terraces the villa now faced directly towards Butrint establishing a distinct visual relationship between the city and the villa. To the south a new bath complex was constructed over the earlier cistern, and the new focal point of the villa became a large garden or peristyle with a substantial semi-circular nymphaeum at its western end facing the lake. This lower wing was undoubted constructed to appear as if 'rising' directly from the waters of the lake in a dramatic interplay between architecture and nature. On an upper terrace a *triclinium* dining room, or reception room, was handsomely furnished with a mosaic pavement of geometric designs framing a panel of black-red 'africano' marble. The vista from here across the garden and the lake was clearly a deliberate feature of the house, establishing a dialogue

Hajmali fildishi me formën e organit mashkullor, fusha e Vrinës dhe kandil me skenë gladiatorësh, fillimini/mesi i shek. III e.s., Butrint

Ivory amulet in the shape of a phallus, Vrina Plain and lamp with gladiatorial scene, early/mid 3rd century AD, Butrint

krijonte një dialog midis botës natyrore dhe asaj të krijuar nga njeriu, dhe një kontrast midis sferës politike të qytetit dhe jetës së qetë të vilës. Në këtë vilë u gjet edhe një tjegull me emrin e Graecanicus, fakt që krijon një lidhje me një nga familjet më me influencë të Butrintit.

Kompleksi u zmadhua akoma në shekullin II; sistemi i tarracave u bë më i ndërlikuar dhe kompleksi i banjave më i madh dhe më luksoz. Nga fundi i shekullit tarraca mbizotërohej nga një *frigidarium* i madh (dhomë e freskët) me një pishinë gjysëmrrethore dhe një ambient tetëkëndësh, me formën e një kulle. Sidoqoftë duket se në këtë periudhë vila frekuentohej vetëm me raste dhe mungesa e gjurmëve të aktiviteve prodhuese tregon se vila perdorej vetëm për kohën e lirë.

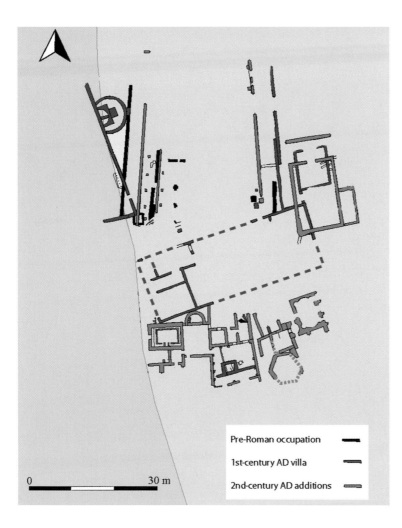

Pre-Roman occupation

1st-century AD villa

0   30 m

2nd-century AD additions

Planimetri e vilës në Diaporit, fazat para-romake deri në shek. II e.s.

Plan of the villa at Diaporit, pre-Roman to 2nd-century AD phases

between the natural and the man-made world, and creating a juxtaposition between the political sphere of the city and the leisured life of the villa. A tile fragment bearing the name of Graecinus was found at Diaporit suggestively hinting at a link to one of the foremost families at Butrint.

The site was further aggrandized in the 2nd century, the terraced layout becoming increasingly complex and the bath complex grander and more luxurious. Toward the end of the century a large *frigidarium*, or cool room, with a semicircular plunge pool and a tower-like octagonal room dominated the upper terraces. However, the villa now appears only to have been occupied occasionally, and the absence of evidence of production areas suggests it served primarily for leisure purposes.

Rritja e qytetit

Fundi i shekullit I dhe gjithë shekulli II janë periudha që karakterizohen nga një zgjerim i madh i qytetit të Butrintit. Në vitin 66-67 Neroni kreu një vizitë të gjatë njëvjeçare nëpër qytetet e Greqisë, përfshi këtu edhe Kekyrën (Korfuzi) dhe Nikopolin; kjo ishte një vizitë shumë e rëndësishme për të gjithë rajonin. Në Butrint statujat e grave të familjeve të ngritura të kësaj periudhe kanë të njëjtin stil krehje të perandoreshës Agripina e Re, nëna e Neronit dhe mbesa e Agripës.

Rritja e qytetit është shumë e vështirë të kapet për shkak të nivelit të lartë të ujit në Butrint. Gërmimet në Pallatin e Trikonkës tregojnë se duke filluar të paktën që nga shekulli II qyteti arrinte deri te brigjet e liqenit. Kjo zonë u nda e gjitha në parcela të rregullta që kishin si kufi rrugë të ngushta. Këtu është gërmuar një rezidencë e ndërtuar bukur përreth një oborri qendror të shtruar; kësaj iu shtuan më vonë ambiente të bukura me pamje drejt kanalit të Vivarit: një galeri e gjatë përballë ujit shpinte miqtë e veçantë nga një hyrje e dekoruar bukur drejt një *triclinium*, dhomë ngrënie dhe pritjeje; të gjitha këto ambiente kishin dysheme të dekoruara me mozaikë të ndërlikuar. Mozaikët e hyrjes, në

Pamje ajrore e Butrintit me pozicionin e banesës pranë kanalit në sfond

Aerial view of Butrint with the location of the channel side domus in the foreground

The growth of the city

The later 1st and 2nd centuries were periods of great expansion for Butrint. In 66-67 AD the emperor Nero spent almost a year visiting cities in Greece, including Corcyra (Corfu) and Nicopolis, an event that had a profound impact on the region. At Butrint, statue depictions of local elite women adopted hairstyles resembling that of the empress Agrippina the Younger, the mother of Nero and granddaughter of Agrippa.

The growth of the city is difficult to trace due to the high water table at Butrint. Excavations at the Triconch Palace indicate that certainly by the 2nd century AD the city extended to the water's edge. Here the area was divided into plots separated by alleys and a handsome and well-appointed residence was constructed around a paved court. To this was later added prestigious rooms providing views across the Vivari Channel: from an ornate entrance vestibule, a long gallery fronting the water led distinguished guests to the *triclinium* dining room, all paved in elaborate mosaics. Those of the vestibule are particularly fine and include panels with theatrical

Figurë e vogël prej guri gëlqeror e Minervës, Butrint. Karficë kocke, Foinike

Limestone figurine of Minerva, Butrint. Bone pin, Phoenice

veçanti, janë të përsosur, me panele të vegjël të dekoruar me maska teatrale, që tregonin shijet letrare dhe idealet kulturore të të zotit të shtëpisë.

Siç u vu re edhe më lart zgjerimi i qytetit solli edhe zmadhimin e ujësjellësit. Ka mundësi që në këtë periudhë të vendosej edhe shembja e një pjese të mureve rrethuese, për të lehtësuar kalimin nga qyteti i vjetër te qyteti i ri. Porta me Kulla vazhdoi funksionin e saj, por efekti i saj pamor u zvogëlua shumë nga prania e harqeve të ujësjellësit që i kalonin përballë.

Me rritjen e qytetit u formuan edhe rrugë të reja brenda tij. Po të konsiderojmë formën e qytetit mesjetar është e qartë se zemra e tij u

Detaje të mozaikut të dyshemesë, Butrint domus

Details of mosaic pavements, Butrint domus

masks for a striking and eye-catching display of the owner's learning and cultural ideals.

The expanding city necessitated, as already noted, the extension of the aqueduct. It is possible that it may also have informed the decision to demolish part of the defensive wall in order to facilitate access between the old town centre and the new. The Tower Gate continued in use but the grandeur of its visual impact was significantly reduced by the new arcade of aqueduct piers passing in front of it. As the city grew so new primary routes through the city would be established. From the layout of the medieval city it is clear that the formal visual focal point of the city had shifted to the west

*Gota qelqi, poçe dhe
pagure, shek. II-III e.s.,
Butrint dhe Foinike*

*Glass beakers, jar and flask,
2nd-3rd century AD,
Butrint and Phoenice*

zhvendos në perëndim, drejt hyrjes së kanalit të Vivarit, dhe ky proces ka mundësi të ketë filluar që nga koha perandorake. A ka mundësi që këto ndryshime të kenë sjellë edhe krijimin e një forumi të ri, në zonën (akoma të pagërmuar) në jug të teatrit? Kjo hipotezë do të shpjegonte pse forumi i vjetër nuk u zgjerua përtej kufijve të shekullit III p.e.s. edhe pse segmenti i mureve që e kufizonte u prish. Nuk dimë se kur u kryen këto punime. Pjesës fundore të murit pranë 'Gjimnazit' iu dha një formë monumentale me ndërtimin e një kulle me blloqet e mbishkrimeve helenistike me aktet e lirimeve të skllevërve. Mbishkrimet helenistike japin si datim periudhën pas shekullit I p.e.s., ndërsa konsiderata ndërtimore japin si datë fundin e shekullit I – fillimin e shekullit II e.s.

Shenjëtorja e ruajti prestigjin e vet dhe gjatë shekullit II monumentalizohet edhe teatrit, sipas datimit tradicional. U ngrit një ndërtesë skenike e re e tipit romak, duke ngushtuar rrugën ceremoniale tradiconale të shenjëtores, po kështu u zgjerua edhe shkallarja, për t'i siguruar vend popollsisë në rritje. Gjatë këtyre punimeve tempulli i vogël ose thesari u bë pjesë e bazamentit të teatrit, dhe që nga ky moment nuk është më një godinë e pavarur. Duket se jemi përballë një akti simbolik shumë domethënës dhe mungesa e altarit na shtyn të interpretojmë godinën si një *thesauros*. Këto ndryshime shënojnë një zhvendosje të vërtetë të pushtetit dhe të administrimit të bamirësive nga qyteti helenistik tek ai romak: nga shenjëtorja dhe priftërinjtë te këshilli i qytetit dhe individët anëtarë të elitës.

'Gjimnazi'

The 'Gymnasium'

towards the mouth of the Vivari Channel, and this process may have started during the empire. Could this reconfiguration of the city be associated with the creation of a new forum, located in the (unexcavated) area south of the theatre? It would explain why the forum area was never expanded beyond the 3rd-century BC alignment, despite the opportunity (and effort) provided by the demolition of the wall at just this point. No dates for these works are known. The terminal point of the wall near the 'Gymnasium' was given monumental form by a tower constructed from reused blocks commemorating the freeing of slaves. The Hellenistic inscriptions provide a date after the mid 1st century BC and a date of the later 1st and early 2nd centuries AD has been proposed on structural grounds.

The sanctuary retained its prestige and a 2nd-century date has been proposed for the monumentalisation of the theatre. A new Roman-style stage building was added, extending across the traditional ceremonial route through the sanctuary, and the seating area was enlarged to accommodate the growing population. In this process the old shrine or treasury became part of the substructure of the seating and ceased to stand out as an independent structure. This appears as a highly symbolic act and, with the lack of space for an altar, supports the identification as a treasury. The changes signify the shift in real power, and in the administration of benefaction, from the Hellenistic to the Roman city: from the sanctuary and the priests, to the city council and elite individuals.

Teatri romak dhe ndërtesa e skenës (Instituti i Arkeologjisë)

The Roman theatre and stage building (Instituti i Arkeologjisë)

Edhe zona e forumit u zbukurua me ndërtesa të reja dhe statuja. Tre tempujt e vegjëj u bashkuan me një paradhomë të vetme për të cilën u shfrytëzua hapësira e portikut. Pra u mbyll portiku dhe u ndërtuan një sërë shkallaresh të rrëpira që shpinin te një ndërtesë në kodër, afër tempullit më perëndimor. Kjo godinë sot nuk ruhet, me përjashtim të bazamentit të ndërtuar me qemerë cilindrikë, por ka mundësi të ketë qenë një tempull i vogël.

Është gjetur gjithashtu edhe një statujë e një cilësie të lartë, e ruajtur shumë mirë, që përfaqësonte një parton lokal ose një person me poste politike, i veshur me togë. Statuja datohet në shekullin II dhe ka mundësi t'i përkiste ndonjë godine të kësaj zone. Edhe dy portrete të tjerë, pak më të hershëm, mund të kenë qenë kushtuar këtu pranë.

Planimetri të teatrit në periudhat helenistike dhe romake

Plans of the theatre in the Hellenistic and Roman periods

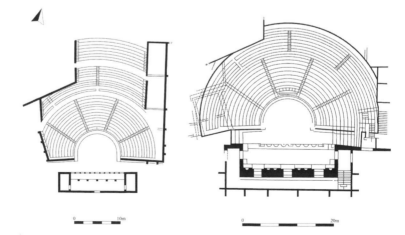

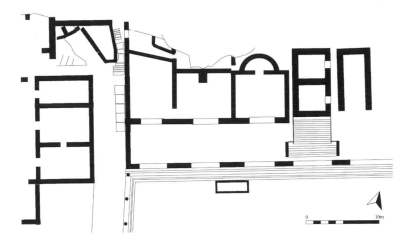

*Planimetri e tempujve të
forumit në shek. II e.s.*

*Plan of the shrines in the
forum in the 2nd
century AD*

The forum area, too, was adorned with new buildings and statues. The three shrines were given a unified, monumental front by an antechamber constructed from the space of the forum portico. This undoubtedly followed the blocking of the portico by a series of steep steps leading to a building inserted high on the hill next to the easternmost shrine. Nothing survives of the new building apart from its barrel-vaulted substructures, but it could well have been a small temple.

An exceptionally fine, and virtually intact, statue of a high-ranking man wearing a toga may originally have depicted a local patron or political dignitary. The masterly carving of the drapery folds creates a vivid play of light and shadow emphasising the luxurious texture of the toga. Dated to the mid 2nd century AD, it may have been displayed in a building in this area. Two slightly earlier portraits may also have been dedicated close by. One depicts a young boy with large almond-shaped eyes and elegantly curved lips, the other a youthful man with a mass of curly hair, petulant expression and a dramatic turn of the head. Both undoubtedly depicted members of elite families at Butrint.

Honorific dedications of public statues were often in gratitude for acts of patronage. The many bath-houses and fountain nymphaea would have been constructed as acts of private benefaction. The only instance when a patron's names survive is at the well situated within the Lion Gate, which was refurbished by a woman called Junia Rufina in the 2nd century AD. Commemorating her benefaction she included her name (written in Greek) on the fine marble balustrade in front of the well, describing herself as a 'friend of the Nymphs.' At the same

*Portret i një djali dhe bust i
një burri, Butrint*

*Portrait of a boy and bust
of a young man, Butrint*

Njëri prej tyre përshkruan një djalë të ri me sy të mëdhenj në formë bajameje dhe buzë të lakuara në mënyrë elegante; tjetri është një burrë i ri me flokë me dredha, me fytyrë idhnjake dhe kokën e kthyer paksa. Të dy këto monumente përfaqësonin pjestarë të familjeve elitare të Butrintit

Kushtimet e nderit të statujave publike ishin shpeshherë shenja mirënjohjeje për vepra patronazhi. Banjat e shumta, çesmat dhe nimfetë ka mundësi të jenë ndërtuar të gjithë si bamirësi private. I vetmi rast kur kemi emrin e patronit është ai i pusit që gjendet breda Portës së Luanit, i cili u restaurua nga një grua e quajtur Julia Rufina, në shekullin II e.s. Duke përkujtuar veprën e saj ajo shkruan emrin (në greqisht) në parmakun prej mermeri të mirë të pusit, dhe e përshkruan veten e saj si 'mike e Nimfave'. Por Butrinti nuk e humbi aftësinë e tij për të tërhequr akte patronazhi nga romakë të niveleve të larta të politikës. Një mbishkrim i fundit të shekullit II – fillimit të shekullit III – ndoshta pjesë e një bazamenti statuje – u ngrit nga këshilli i Butrintit për nder të M. Ulpius Annius Quintianus, prokonsull i Maqedonisë, si patron i qytetit duke vlerësuar ndershmërinë dhe drejtësinë e tij.

Edhe pse disa pjesë të strukturës së qytetit u ndërruan gjatë shekullit III dhe investimentet private u bënë më të shumta, qyteti nuk u la pas dore. Për shembull në zonën e forumit u ndërtua një

Statujë togati, mesi i shek. II e.s., gjetur në forum

Togate statue, mid 2nd century AD, found in the forum

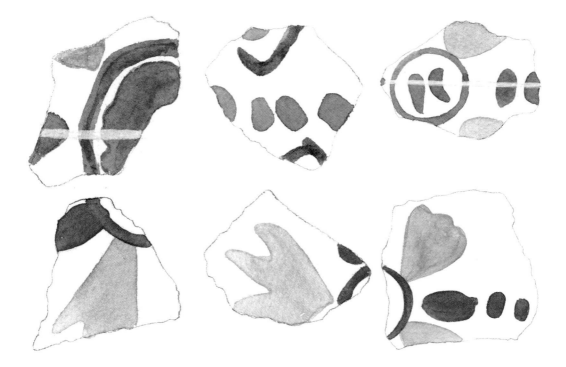

Fragmente suvaje të pikturuar, tempujt e forumit

Fragments of painted plaster, forum shrines

godinë e re ngjitur me shtëpinë me Peristil. Kjo bllokoi rrugën që shpinte te pusi dhe kanali përgjatë saj, që tani nuk funkssiononte më, u mbush me mbishkrime mermeri të thyera dhe nga statuja me togë. Çuditërisht statuja duket sikur është vendosur në kanal me kujdes. Edhe tempujt e vegjël pësuan ndryshime dhe u krijua një fasadë e re. Sipërfaqja e përgjithshme e secilës dhomë u zvogëlua, por fragmente të suvasë tregojnë se të paktën njëra prej këtyre dhomave ishte e dekoruar me piktura elegante floreale mbi një sfond të bardhë. Në këtë zonë vazhduan pra investimet, dhe një tonelatë fragmentesh anforash që u gjetën këtu, të gjitha të datuara rreth viteve 230-50 e.s. të përdorura si materiale inerte, tregojnë se tregtia ishte akoma aktive dhe importet akoma të pasura.

time Butrint never lost its ability to attract patronage from high-ranking Romans. A late 2nd- or early 3rd-century AD inscription – probably from a statue base – erected by the council at Butrint honours M. Ulpius Annius Quintianus, the proconsul of Macedonia, as patron of the city, praising his honesty and sense of justice.

Though parts of the urban fabric would change during the 3rd century, and investment in private structures become more marked, there was no lack of engagement with the articulation of the city. For instance, in the forum area a new structure, abutting the Peristyle Building, was constructed in this period. This blocked the pathway to the well and the now obsolete drain alongside it was filled in with broken up marble inscriptions and the togate statue. Oddly the latter seems to have been placed there with some care. The shrine-rooms, too, were comprehensively remodelled with a new façade wall. The overall size of each room was reduced in size, but plaster fragments illustrate how in at least one of these the ceiling was painted with elegant floral designs on white ground. The area clearly continued to be an object of investment, and the metric ton of amphora sherds, all dating to around AD 230-50, found used as infill material across the area attests to efficient trade and rich imports of the period.

Mbishkrimi i Junia Rufinës

Inscription at the Well of Junia Rufina

Domus në fushën e Vrinës

Shekulli III e.s. solli ndryshimet e para që do të karakterizojnë formën e qytetit gjatë antikitetit të vonë. Një aspekt i veçantë i kësaj periudhe është fakti se investimentet që kanë për qëllim të nënvizojnë statusin e elitave drejtohen drejt pronës private dhe jo më në monumentet publike. Ky fakt vërehet shumë qartë në fushën e Vrinës.

Edhe pse vila në Diaporit u braktis në këtë periudhë, në banesën pranë bregut në Butrint nuk kemi asnjë shenjë rënie, përkundrazi kjo u rinovua rreth vitit 400 duke krijuar një ndërtesë më të madhe me peristil. Në fushën e Vrinës ku më parë gjendej periferia e Butrintit nga fillimi / mesi i shekullit III u ndërtua një *domus*, shtëpi qyteti, shumë e gjerë dhe e madhe.

Pamje e pishinës dekorative, domus e fushës së Vrinës

View of the ornamental pool, Vrina Plain domus

The domus on the Vrina Plain

The 3rd century AD saw the first changes to the urban fabric that was to characterize the form of the city in late antiquity. A particularly striking aspect of the period is the overt investment in private structures as a marker of elite status. This is nowhere more evident than on the Vrina Plain.

Though the luxury villa at Diaporit was abandoned in this period, no such decline is evident at the *domus* close to the water's edge in Butrint; indeed, this would be refurbished around AD 400 to create a more impressive building with a peristyle. Where previously the lakefront of the Vrina Plain had been occupied by a suburban extension to Butrint, the area in the early/mid 3rd century became the location for a large and spacious *domus*, or townhouse.

The *domus* covered the entire are between the shore of the Vivari Channel and the former public bath-house – possibly as far as the main road through the valley. The most striking part of the building was a large (26 x 16.5 m) central peristyle court containing an elaborate ornamental pool. The latter was constructed as a double marble-clad basin of pools set one within the other. The outer formed

3rd century AD

Bath house

Apsidal hall

Cistern

Eastern entrance

Eastern wing

Bath house

Marine entrance

Ornamental pool

0   20m

Planimetri e banesë së shekullit III në fushën e Vrinës

Plan of the 3rd-century AD domus *on the Vrina Plain*

Domus shtrihej në hapësirën e përfshirë nga bregu i kanalit të Vivarit deri te banjat e fazës së mëparshme, dhe ndoshta deri te rruga që kalonte përmes luginës. Pjesa më goditës e kësaj ndërtese ishte një oborr i madh (26 x 16,5 m) qendror me peristil, në të cilin gjendej një pishinë e ndërlikuar zbukuruese.

Kjo e fundit kishte formën e një pishine të dyfishtë të veshur me mermer, njëra brenda tjetrës. Më e jashtmja formonte një drejtkëndësh të gjatë me anë konkave dhe kënde të mprehta, e brendshmja kishte formë drejtkëndëshe me anë të drejta dhe brenda gjashtë nisha të vogla: dy në çdo anë të shkurtër dhe nga një në anët e gjata; padyshim nishat duhet të mbanin statuja të vogla. Figurat e statujave pasqyroheshin në ujrat e pishinës, dhe kombinimi i ndërlikuar i formave të këtyre pishinave ishte realizuar për të tërhequr vëmendjen e personave që vizitonin shtëpinë.

Portiku që rrethonte oborrin i kishte dyshemetë të zbukuruara me mozaikë me ornamente gjeometrike dhe niveli i dyshemesë së tij ishte pak më të lartë se niveli i oborrit, në mënyrë që visitori të kishte mundësi të shikonte mirë si oborrin ashtu edhe portikun përballë. Banesa kishte dy hyrje, të dyja ishin në portikun verior.

Visitori sapo hynte në banesë kishte në njërën anë oborrin – plot dritë dhe me paqyrën e ujit në qendër – dhe në anën tjetër hapësirën e madhe të një salloni madhështor, ndoshta një sallë pritjeje. Kjo e fundit ishte gati po aq e madhe (25 x 13,5 m) sa oborri me peristil, dhe përfundonte me një absidë të thellë gjysëm-rrethore. Nga zbukurimet e kohës nuk ka mbetur asgjë, por nëse kjo ishte salla ku i zoti i shtëpisë priste klientët dhe kolegët duhet të kishte qenë ambienti më i shkëlqyer i shtëpisë.

Hyrja kryesore ka mundësi të ketë qenë ajo pranë kanalit, në perëndim, dhe kishte në anë një strukturë tetëkëndëshe. Nga kjo hyrje e madhe e veshur me mermer dhe me dyshemetë e zbukuruara me mozaikë visitori hynte në portikun e peristilit. Përveç hyrjes detare

Fragment suvaje e pikturuar, fusha e Vrinës

Fragment of painted plaster, Vrina Plain

Hyrja lindore me stola në të dy anët e derës

Eastern entrance with benches on either side of the door

a long rectangle with concave sides meeting at a sharp point at the corners, the inner a straight-sided rectangle framing six small niches: two at each short end and one on either of the long sides, undoubtedly intended for statues and statuettes. The visual impact of the figures reflected in the waters of the pool, and the complex interplay of shapes in the design of the basin, were clearly intended to capture the eye of visitors to the house.

The porticos framing the open courtyard were adorned with mosaic pavements of ornate geometric designs and were raised slightly above the level of the court to provide good vistas across it toward the matching colonnade on the other side. Two entrances gave access to the house, both leading directly into the northern-most colonnade. Entering, visitors would have had the open court –

Pamje e sallonit me absidë, domus e fushës së Vrinës

View of the apsidal hall, Vrina Plain domus

*Kupa korintike me riliev,
fillimi/mesi i shek. III e.s.,
Butrint*

*Corinthian relief ware
bowls, early/mid 3rd
century AD, Butrint*

ekzistonte edhe një hyrje tjetër në lindje. Kjo e fundit komunikonte me atë që duhet të ishte rruga kryesore e vendbanimit, e restauruar dhe e shtruar me blloqe guri. Në të dy anët e hyrjes gjendeshin stola për ndihmësit dhe skllevërit e klientëve që vinin për vizitë.

Pranë të dy hyrjeve gjendeshin banja dhe nga portiku lindor i peristilit hyej në disa dhoma më të vogla të zbukuruara me mozaikë dyshemeje me gjeometri të ndërlikuar. Po të konsiderojmë hierarkinë e komunikimeve këto dhoma duhet të ishin për miqtë dhe ata që kishin të njëjtin status me të zotin e shtëpisë dhe ndoshta edhe dhoma ngrënieje verore. Nga këtu pamja duhet të ishte shumë e bukur, meqënëse portiku përballë (ai perëndimor) duhet të ishte një galeri e hapur dhe shikimi shkonte drejt kepit dhe ngushticës së Korfuzit. Kjo pamje bashkonte peisazhin natyror dhe atë të krijuar nga njeriu dhe i rrethonte të dy këto nga elementët arkitekturorë të banesës, duke i dhënë në këtë mënyrë një rëndësi të veçantë statusit të të zotit të shtëpisë.

Në fushën e Vrinës është gjetur vetëm një portret: një kokë e bukur burri me mjekër që u gjet pranë kompleksit që ngjan si tempull në anën tjetër të rrugës që përshkronte luginën e Pavllës. Kjo statujë i përket tipit perandorak të fundit të shekullit II e.s. (vitet 170-180), por dallon sepse flokët dhe mjekra janë trajtuar më lirshëm. A ka mundësi që të jetë kjo statuja e një paraardhësi apo pjestari të familjes së pronarit të shtëpisë së madhe? Raporti ndërmjet banesës dhe kompleksit në fjalë nuk është sqaruar nga gërmimet. Ka mundësi që ky i fundit të ketë qenë mausoleumi i familjes së të zotit të shtëpisë, në një pozicion të rëndësishëm në anën tjetër të rrugës

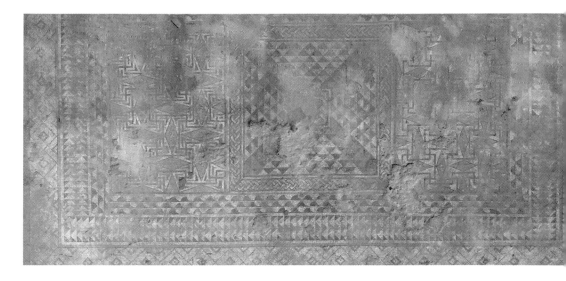

brilliant with light and the mirror of water at its centre – on one side, at the other the expanse of an imposing chamber that may have functioned as a reception room. The latter was a rectangular hall, almost as large (25 x 13.5 m) as the peristyle court, terminating in a deep, semicircular apse. Nothing survives of the original decoration, but if this were where the owner would have met clients and associates it would have been one of the most splendid in the house.

The most prestigious entrance appears to have been from the channel side on the west. From an imposing entrance faced in marble and with a mosaic pavement, the visitor entered directly into the portico of the peristyle. As well as this marine entrance, a landward entrance to the east provided access to the house. Here the doorway fronted onto what had been one of the main roads through the settlement, now levelled and repaved with new flagstones. On either side of the entrance were added benches to accommodate attendants and slaves of visiting clients.

Bath-houses were located near both entrances, and from the eastern portico of the peristyle was accessed a series of smaller rooms elaborately furnished with mosaic pavements of complex designs. In the hierarchy of accessibility, these rooms must have been reserved for friends and social equals of the owner and have provided ideal spaces as summer dining rooms. From these rooms the view across the peristyle would have afforded a particularly handsome vista, for the opposite (western) portico appears to have been an open gallery providing views across the headland to the

Detaje të mozaikut të dyshemesë në ambientet e anës lindore

Details of mosaic pavements in the rooms in the eastern wing

Pamje ajrore e tempullit/ mausoleum të fushës së Vrinës.
Fragment kapaku i një sarkofagu (kline), fusha e Vrinës

Aerial view of the temple/ mausoleum on the Vrina Plain.
Fragment of a lid of a (kline) sarcophagus, Vrina Plain

kryesore. Pranë kësaj strukture janë gjetur fragmente mermeri sakofagësh të thyer: të gjithë të një cilësie të lartë, shumë prej këtyre fragmenteve i përkasin sakofagëve me dimensione të mëdhenj. Këto dëshmojnë një investiment të qëllimshëm në paraqitjen e statusit të familjes, që ishte edhe preokupimi parësor i të zotit të banesës pranë dhe ky vullnet paraqitjeje kryhej në sferën private dhe jo më në atë publike, karakteristikë kjo e shekullit III p.e.s.

Straits of Corfu. This privileged vista juxtaposed natural and man-made landscapes while framing each by the architectural elements of the *domus* and consequently drawing attention to the status of the owner of the house.

A single portrait has been discovered on the Vrina Plain: a handsome head of a bearded man found by a temple-like structure on the further side of the main road through the Pavllas Valley. It adopts a late 2nd-century (AD 170-80) imperial type, adding a vivacious three-dimensionality in the free-flowing locks of hair and beard. Could this have depicted an ancestor or family member of the owner of the townhouse? The relationship between the townhouse and the temple-like structure is enigmatic. It is possible that the latter functioned as a mausoleum for the owner and his family, placed in a conspicuous position next to the main road. Marble fragments from broken up sarcophagi were found near the structure: all of high quality carving, several originating from sarcophagi of monumental size. They attest to a deliberate investment in the demonstration of family status consistent with the interests of the owner of the nearby *domus*, as well as a display in contexts associated with the private sphere, rather than public spaces, characteristic of the 3rd century AD.

Portret i një burri me mjekër, fusha e Vrinës

Portrait of a bearded man, Vrina Plain

Butrinti në periudhën romake të vonë

Banesa elegante në fushën e Vrinës u banua deri në mesin e shekullit IV kur duket se u braktis dhe u çvesh nga materialet e çmuara që mund të ripërdoreshin. Edhe banesa buzë liqenit në Butrint u braktis në të njëjtën kohë dhe ujësjellësi duket se u dëmtua përfundimisht nga fundi i shekullit IV – fillimi i shekullit V. E njëjta gjë vërehet edhe në zonën e forumit, ku janë gërmuar, mbi dysheme, shtresa të mesit / fundit të shekullit IV të pasura me rrënoja, shumë veshje mermeri dhe fragmente arkitekturore.

Ka shumë mundësi që ky ndryshim i papritur që solli braktisjen e shumë zonave të qytetit, të varet nga një tërmet i fuqishëm nga mesi i shekullit, ndoshta tërmeti i vitit 365 që thuhet se rrënoi Ballkanin. Kërkimet më të fundit kanë nxjerrë në pah se si lëvizjet sizmike kanë ngritur pjerrësinë e sheshit të forumit deri në 20°, ose 0,60 m ndryshim nga veriu në jug. Por braktisja nuk zgjati shumë. Godina në fushën e Vrinës u ribanua, të paktën pjesërisht, duke filluar që nga fillimi i shekullit V. Rreth vitit 40 *domus* i Butrintit u rindërtua në një stil mahnitës nga një anëtar i elitës lokale. Nga viti 420 ky kompleks u zmadhua akoma më shumë, duke zënë edhe pronat pranë dhe u pajis me një dhomë ngrënieje trikonke që i dha emrin me të cilin njihet sot, Pallati i Trikonkës. Po në këtë periudhë u ripunua edhe statuja me dimensione më të mëdha se realiteti, për të cilën u fol më lart. Ndoshta edhe kjo u dëmtua nga tërmeti dhe u bënë përpjekje për ta shpëtuar, duke e ribërë, në fillim si një figurë më të vogël dhe më pas si pjesë e një busti. Çuditërisht skulptori u tregua i paaftë dhe këto përpjekje u braktisën.

Qyteti u ripërtri, por peisazhi i periudhë së vonë romake kishte ndryshuar rrënjësisht. Ndërtesat e mëdha publike të periudhave helenistike dhe romake u braktisën dhe investimentet u përqendruan në strukturat private dhe gjithmonë e më shumë në godinat e krishtere. Duke filluar që nga gjysma e dytë e shekullit V ndërtimet e krishtera – Bazilika e Madhe dhe Pagëzimorja në Butrint dhe bazilikat e ndërtuara në akropol, në Diaporit dhe në fushën e Vrinës u bënë monumentet më të rëndësishme në përkufizimin e peisazhit qytetar.

Late Roman Butrint

The elegant townhouse on the Vrina Plain was occupied until the middle of the 4th century, at which point it appears to have been abandoned and usable materials stripped from its interior. The channel-side *domus* at Butrint, too, was temporarily abandoned around the same time and the aqueduct appears to have been irreparably damaged in the late 4th to early 5th century. A similar development can be traced in the forum area. Here a rubble deposit, datable to the mid/late 4th century, containing marble veneers and architectural fragments from the surrounding buildings was found covering the forum pavement.

It seems increasingly likely that this sudden, comprehensive change to the make-up of the city was due to a cataclysmic seismic event around the middle of the century, possibly the earthquake of AD 365 that was said to have ravaged the Balkans. Recent investigations have shown how tectonic changes, most probably from earthquake, caused the piazza of the forum area to tilt almost 20°, or 0.60 m, between the northern and southern sides. The period of abandonment was short-lived; the townhouse on the Vrina Plain was reoccupied, at least partially, by the beginning of the 5th century. Around AD 400 the *domus* in Butrint was rebuilt in spectacular style by a high-ranking member of the local elite. Around AD 420 this complex was greatly aggrandized, expanding across adjacent properties, and was furnished with a monumental triconch dining room, which gives it its modern name of the Triconch Palace. This is also the period when the over life-size statue was reworked. Presumably it too was damaged in the earthquake and attempts were made to salvage it by refashioning it, first as a smaller figure then as part of a bust. Oddly, the craftsmanship is poor and both attempts were abandoned.

The city recovered but the urban landscape of the late Roman city had changed profoundly. The monumental public buildings of the Hellenistic and Roman city seem mainly to have been abandoned and instead investment focussed on private structures and, increasingly, on Christian buildings. From the second half of the 5th century Christian buildings – the Great Basilica and the Baptistery in Butrint, and the aisled basilicas constructed on the acropolis, at Diaporit and on the Vrina Plain – became the dominant, new monuments to define the cityscape.

*Pamje e Butrintit dhe e
fushës së Vrinës me në
sfond ngushticën e Korfuzit*

*View of Butrint and the
Vrina Plain with the Straits
of Corfu in the background*

Fjalorth

Actus	një përmasë romake prej rreth 35.55 m
Agora	sheshi i tregut i një qyteti grek
Klient	një person që mbështetet dhe i detyrohet një patroni mirëbërës
Domus	një banesë (qyteti) romake, në dallim nga një banese fshati (vilë)
Forum	qendra politike e një qyteti romak
Koinon	lidhje apo bashkësi
Nimfe	një çesme apo shatërvan i ndërlikuar
Opus reticulatum	një teknikë ndërtimi romake me kubikë të vendosur diagonalisht
Peristil	një oborr i rrethuar me kolona
Portik	një kolonadë e mbuluar
Princeps (qytetati i parë)	titull zyrtar i perandorit romak që u përdor për herë të parë nga Augusti
Prytaneum	'bashkia' e një qytet-shteti grek; për magjistratin më të lartë altari / vatra e bashkësisë dhe vend i pritjeve zyrtare
Sinus	një palë e madhe e togës romake në pjesën e poshtme të trupit
Spolia	materiale të një periudhe më të hershme të ripërdorura në një kontekst të ri
Stoa	një kolonadë e mbuluar, shiko portik
Temenos	rrethimi i një zone apo ndërtese të shenjtë

Glossary

Actus	a Roman measure equalling 35.55 m
Agora	the market place of a Greek city
Client	a person sponsored by, and obligated to, a patron benefactor
Cuirass	the breastplate of an armour
Domus	a Roman (town) house, as opposed to a (country) villa
Freedman	a former slave, enfranchised and given Roman citizenship
Forum	the civic centre of a Roman town
Koinon	league or federation
Nymphaeum	an elaborate fountain or fountain house
Opus reticulatum	a Roman masonry style resembling a diamond pattern
Peristyle	a courtyard encircled by colonnades of columns
Portico	a covered colonnade or columned porch
Princeps (first citizen)	the official title a Roman emperor, first adopted by Augustus
Prytaneum	the 'town hall' of a Greek city-state; for the chief magistrate, the altar/hearth of the community and official hospitality
Sinus	a sling-like fold of a Roman toga crossing the lower body
Spolia	material from an earlier age reused in a new context
Stoa	a covered colonnade, cf. portico
Temenos	the precinct boundary of a sanctuary

*Pjesë bronzi në formë koke
derri të egër,
Muzeu i Butrintit*

*Bronze finial in the shape
of a boar's head,
Butrint Museum*

Bibliografi e përzgjedhur
Select Bibliography

Bowden, W. and Përzhita, L. (2004) Archaeology in the landscape of Roman Epirus: preliminary report on the Diaporit excavations, 2002-3. *Journal of Roman Archaeology* 17: 413-33.

Bergemann, J. (1998) *Die römische Kolonie von Butrint und die Romaniserung Griechenlands*. Munich, Verlag Dr. friedrich Pfeil.

Cabanes, P. and Drini, F. with Hatzopoulos, M. (2007) *Corpus des inscriptions grecques d'Illyrie méridionale et d'Épire 2. Inscriptions de Bouthrôtos*. Athens, Fondation Botzaris/École française d'Athenes.

De Maria, S. and Gjongecaj, Sh. (2002-7) *Phoinike I–IV*. Bologna, Ante Quem.

Deniaux, E. (2004) Recherches sur la societé de Buthrote, colonie romaine. In P. Cabanes and J.-L. Lamboley (eds), *L'Illyrie méridionale et l'Epire dans l'antiquité IV*: 391-97. Paris, De Boccard.

Gilkes, O.J. (2003) (ed.) *The Theatre at Butrint. Luigi Maria Ugolini's Excavations at Butrint 1928-1932* (*Albania antica* IV). London, British School at Athens.

Greenslade, S. with Çondi, Dh. (forthcoming) Recent Excavations on the Vrina Plain, Butrint. In P. Cabanes and J.-L. Lamboley (eds), *Illyrie méridionale et l'Epire dans l'antiquité V*. Paris, De Boccard.

Hansen, I.L. (forthcoming) Between Atticus and Aeneas: the making of a colonial elite at Roman Butrint. In R. Sweetman (ed.), *Roman Colonies in the First Century of their Foundation* (*JRA Suppl.*). Portsmouth, Rhode Island, JRA.

Hansen, I.L. and Hodges, R. (2007) (eds), *Roman Butrint. An Assessment*. Oxford, Oxbow Books.

Hansen, I.L. and Pojani, I. (forthcoming) Two new togate statues from Roman Butrint: the impact of Actium. In S. Walker and K. Zachos (eds), *After Actium: New Archaeological Finds from Roman Greece*. London, British Museum Press.

Hernandez, D.R. and Çondi, Dh. (2008) The Roman forum at Butrint (Epirus). *Journal of Roman Archaeology* 21: 275-92.

Ugolini, L.M. (1942) *L'acropoli di Butrinto*. (*Albania antica* III). Rome, Scalia.

Kopertinë: *Portet i perandoreshës Livia, i gjetur në teatrin e Butrintit*
Monedhë e prerë në Butrint me legjendën BUTHR[otum] e gjetur në Diaporit; periudha e Augustit

Cover: *Portrait of the empress Livia, found in the theatre of Butrint*
Coin minted at Butrint with the legend BUTHR[otum], Augustan period, found at Diaporit

Page/Faqja 1
Detaj i një mbishkrimi që përkujton lirimin e skllevërve, teatri i Butrintit
Detail of inscriptions commemorating the freeing of slaves, theatre of Butrint

Page/Faqja 3
Koka e perëndisë Apollon, periudha e Augustiti, gjetur në teatrin e Butrintit (Instituti i Arkeologjisë). Më parë mendohej se paraqiste një grua dhe për këtë arsye u quajt 'Dea e Butrintit'; është akoma sot simboli i muzeut të Butrintit.
Head of the god Apollo, found in the theatre of Butrint. Originally thought to represent a woman and hence nicknamed the 'Goddess of Butrint'; it is still the symbol of the Butrint Museum.

Printed in Italy, July 2009